Fosca Colli

La Mediazione Civile in Italia

Il percorso normativo

(Direttiva europea, Decreti, Circolari)

COLLANA GIURIDICA

Codice ISBN-13 978-1478122265
e-mail stenos@stenos.it – fax 06.233248638

Melior tutiorque est certa pax,

quam sperata victoria

E' meglio e più sicura una pace certa

ad una vittoria sperata

(Tito Livio, Ab Urbe Condita - Liber XXX, 30)

INDICE

Tribunali ingolfati, tempi di giustizia lunghissimi, pratiche che giacciono per anni sugli scaffali delle cancellerie per essere rispolverate dopo qualche mese per poi ritornare nell'oblio.

Un panorama sconfortante, uno stato di cose con cui deve che fare i conti chi vorrebbe avere giustizia immediata, o quasi, ritenendo di aver subito un torto da parte di qualcuno. Fino a non molto tempo fa, in Italia se non vi era alcun dialogo con la parte o le parti con cui era in essere un contenzioso, non rimaneva che rassegnarsi o avviare una causa dai tempi biblici e a costi e esito incerto, dovendo alla fin fine decidere un Giudice che potrebbe dare ragione all'uno o all'altro.

Una situazione destinata a cambiare radicalmente, anche se il percorso non è privo di ostacoli, prima di tutto dovuto alla scarsa conoscenza da parte della gente comune della nuova opportunità offerta dalla Mediazione Civile. In Italia di fatto una novità, essendo stata introdotta non da moltissimo; in tanti altri Paesi invece la realtà è ben diversa essendo ormai la Mediazione Civile ben radicata essendo uno strumento presente da decenni.

Cosa è in sintesi la Mediazione? Un modo per aiutare le parti a raggiungere un accordo attraverso l'apporto di una persona terza neutrale ben preparata nella soluzione dei problemi in modo che si giunga ad un accordo evitando così che si finisca in un'aula di tribunale "delegando" la propria questione ad altri. Una causa civile è generalmente un caso in cui le parti hanno fatto causa per denaro, come ad esempio la richiesta di risarcimento danni per una lesione personale, ma anche questioni di eredità, di diffamazione a mezzo stampa. Ma i campi di applicazione li vedremo più avanti.

La mediazione è prevista obbligatoriamente per determinate liti, ma può anche essere una libera scelta nel caso non si riesca a venire a capo su qualcosa nell'ambito della vita di tutti i giorni; può essere anche suggerita da un giudice quando questo percepisca che in fondo tra i contendenti via sia il desiderio di porre fine alla disputa ma che, per astio radicato o posizioni di principio, non riescono a confrontarsi visu a visu; una persona terza potrebbe fare da "ponte" per riavvicinare le parti e far loro ritrovare il dialogo perso fino ad arrivare all'auspicato accordo tra di esse.

Qualsiasi tipo di procedimento civile o di emissione in una causa civile può essere mediato fino a quando le parti concordano che dovrebbe essere mediato.

I tribunali incoraggiando la mediazione nelle controversie in materia civile per vari motivi: il sistema giudiziario non ha le risorse per avere un processo civile, in ogni caso, spesso le parti a raggiungere un risultato migliore in mediazione; e le persone sono spesso più soddisfatti con un mediata risoluzione.

Se le parti raggiungono l'accordo, le parti sottoscrivono un accordo dove mettono i punti relativi all'accordo stesso. Se la controversia non verrà risolta in mediazione, allora il caso può procedere con una causa civile. Tutto ciò che viene detto nel corso di una mediazione è confidenziale, e se il caso poi approda in tribunale, il mediatore non può essere citato come teste in quanto tenuto alla segretezza. In questo volume ci si soffermerà per lo più sul percorso che è stato fatto per arrivare nel Bel Paese all'introduzione, e all'obbligatorietà in determinate questioni, della Mediazione Civile e Commerciale. Un quadro che è comunque in continua evoluzione tenendo conto che in Italia il "motore" è ancora da mettere a punto tanto che si prevedono correttivi o chiarimenti, non ultima una Circolare del dicembre 2011 sulla specializzazione dei vari Mediatori.

***

Tribunali ingolfati non solo in Italia. Così che l'Unione Europea, forti dei positivi risultati ottenuti nel mondo anglosassone, decise di introdurre la Mediazione Civile e Commerciale anche negli Stati aderenti. Venne così emanata la direttiva europea 2008/52/CE del 21 maggio 2008 sulla mediazione in materia civile e commerciale. Detta direttiva, giova sottolineare, avrebbe dovuto essere recepita da tutti gli Stati entro il 21 maggio 2011 e l'Italia, fu uno dei primi a recepirla, cosa che avvenne con il Decreto Legislativo n. 28 il 4 marzo 2010. Altri non sono stati infatti così solerti: ad esempio la Francia l'ha recepita soltanto recentemente, con un'ordinanza del 16 novembre

2011 presa in applicazione della legge del 17 maggio 2011 di *"simplification et d'amélioration de la qualité du droit"* (semplificazione e miglioramento della qualità del diritto); il Governo francese ha colto l'occasione per migliorare il regime generale della mediazione in vigore in Francia (Infatti, il diritto processuale civile francese disponeva già di un quadro giuridico idoneo a rispondere alle esigenze della direttiva in materia di mediazione giudiziaria nonché per la conciliazione condotta da un conciliatore di giustizia. Il governo francese pertanto non ha inteso limitare il campo di applicazione alle sole mediazioni transfrontaliere - oggetto della direttiva - estendendolo altresì alle mediazioni interne).

***

Mediazione Civile e Commerciale, in Italia l'ora X scattata in due fasi

Il Decreto Legislativo n.28/2010, di cui si parla abbondantemente in questo volume, non è piovuto né dall'alto né è stato un qualcosa di imprevedibile ed imprevisto e solo chi fa orecchie da mercante può dirsi stupito della novità introdotta in Italia su input della direttiva europea 2008/52/CE del 21 maggio 2008 (di cui si parla poco più avanti). Oltretutto dall'emanazione del D.L. n.28/2010 si è avuto tempo circa un anno per rendere obbligatorio il passaggio in mediazione di tantissime questioni. Ora X scattata in due fasi.

Prima fase: 21 marzo 2011 con l'obbligatorietà per diritti reali; divisione;successioni ereditarie; patti di famiglia; locazione; comodato; affitto di azienda; risarcimento del danno derivante da responsabilità medica; risarcimento del danno derivante da diffamazione con il mezzo della stampa o altro mezzo di pubblicità; contratti assicurativi, bancari e finanziari. Si è dovuto poi attendere un altro anno, il 21 marzo 2012, perché questa venisse estesa anche alla materia di condominio e al risarcimento del danno derivante dalla circolazione di veicoli e natanti (incidenti stradali).

Seconda fase: è scattata il 21 marzo del 2012. Nei tre mesi precedenti si era registrata una sorta di congelamento nella presentazione delle istanze presso gli Organismi di Mediazione; la sensazione negli operatori del settore era quella che molti avvocati piuttosto che "convogliare" il proprio cliente in lite per questioni di condominio o assicurativo verso la mediazione (che era ancora volontaria) si affrettassero invece ad adire alle vie legali prima dell'arrivo ormai prossimo della obbligatorietà. Poi è giunto, annunciato, quelli che molti avevano definito lo "tsunami" e come d'incanto si è avuta una vera impennata nella presentazione delle varie istanze alle segreterie degli organismi accreditati.

***

La direttiva europea 2008/52/CE del 21 maggio 2008

La direttiva 2008/52/CE del 21 maggio 2008 delinea le basi generali al fine di promuovere la risoluzione in via amichevole delle controversie civili e commerciali insorte tra le parti, con l'aiuto di un terzo: il mediatore. Tale direttiva si applica all'insieme delle mediazioni transfrontaliere, siano esse giudiziarie che convenzionali, che vertono su materie di natura civile o commerciale. Ne sono esclusi ricorsi amministrativi preventivi, nonché quelli che si limitano ad emettere un avviso alle amministrazioni o alle imprese che le adiscono a tal fine. Ecco il testo integrale.

Direttiva 2008/52/CE del Parlamento europeo e del Consiglio del 21 maggio 2008
relativa a determinati aspetti della mediazione in materia civile e commerciale

IL PARLAMENTO EUROPEO E IL CONSIGLIO DELL'UNIONE EUROPEA,

visto il trattato che istituisce la Comunità europea, in particolare l'articolo 61, lettera c), e l'articolo 67, paragrafo 5, secondo trattino, vista la proposta della Commissione,

visto il parere del Comitato economico e sociale europeo,

deliberando secondo la procedura di cui all'articolo 251 del trattato,

considerando quanto segue:

(1) La Comunità si è prefissa l'obiettivo di mantenere e sviluppare uno spazio di libertà, sicurezza e giustizia nel quale sia garantita la libera circolazione delle persone. A tal fine, la Comunità deve adottare, tra l'altro, le misure nel settore della cooperazione giudiziaria in materia civile necessarie al corretto funzionamento del mercato interno.

(2) Il principio dell'accesso alla giustizia è fondamentale e, al fine di agevolare un miglior accesso alla giustizia, il Consiglio europeo nella riunione di Tampere del 15 e 16 ottobre 1999 ha invitato gli Stati membri ad istituire procedure extragiudiziali e alternative.

(3) Nel maggio 2000 il Consiglio ha adottato conclusioni sui metodi alternativi di risoluzione delle controversie in materia civile e commerciale, sancendo che l'istituzione di principi fondamentali in questo settore è un passo essenziale verso l'appropriato sviluppo e l'operatività dei procedimenti stragiudiziali per la composizione delle controversie in materia civile e commerciale così come per semplificare e migliorare l'accesso alla giustizia.

(4) Nell'aprile del 2002 la Commissione ha presentato un Libro verde relativo ai modi alternativi di risoluzione delle controversie in materia civile e commerciale, prendendo in

esame la situazione attuale circa i metodi alternativi di risoluzione delle controversie nell'Unione europea e intraprendendo consultazioni ad ampio raggio con gli Stati membri e le parti interessate sulle possibili misure per promuovere l'utilizzo della mediazione.

(5) L'obiettivo di garantire un migliore accesso alla giustizia, come parte della politica dell'Unione europea di istituire uno spazio di libertà, sicurezza e giustizia, dovrebbe comprendere l'accesso ai metodi giudiziali ed extragiudiziali di risoluzione delle controversie. La presente direttiva dovrebbe contribuire al corretto funzionamento del mercato interno, in particolare per quanto concerne la disponibilità dei servizi di mediazione.

(6) La mediazione può fornire una risoluzione extragiudiziale conveniente e rapida delle controversie in materia civile e commerciale attraverso procedure concepite in base alle esigenze delle parti. Gli accordi risultanti dalla mediazione hanno maggiori probabilità di essere rispettati volontariamente e preservano più facilmente una relazione amichevole e sostenibile tra le parti. Tali benefici diventano anche più evidenti nelle situazioni che mostrano elementi di portata transfrontaliera.

(7) Al fine di promuovere ulteriormente l'utilizzo della mediazione e per garantire che le parti che vi ricorrono possano fare affidamento su un contesto giuridico certo è

necessario introdurre un quadro normativo che affronti, in particolare, gli elementi chiave della procedura civile.

(8) Le disposizioni della presente direttiva dovrebbero applicarsi soltanto alla mediazione nelle controversie transfrontaliere, ma nulla dovrebbe vietare agli Stati membri di applicare tali disposizioni anche ai procedimenti di mediazione interni.

(9) La presente direttiva non dovrebbe minimamente impedire l'utilizzazione di tecnologie moderne di comunicazione nei procedimenti di mediazione.

(10) La presente direttiva dovrebbe applicarsi ai procedimenti in cui due o più parti di una controversia transfrontaliera tentino esse stesse di raggiungere volontariamente una composizione amichevole della loro controversia con l'assistenza di un mediatore. Essa dovrebbe applicarsi in materia civile e commerciale, ma non ai diritti e agli obblighi su cui le parti non hanno la facoltà di decidere da sole in base alla pertinente legge applicabile. Tali diritti e obblighi sono particolarmente frequenti in materia di diritto di famiglia e del lavoro.

(11) La presente direttiva non dovrebbe applicarsi alle trattative precontrattuali o ai procedimenti di natura arbitrale quali talune forme di conciliazione dinanzi ad un organo giurisdizionale, i reclami dei consumatori, l'arbitrato e la valutazione di periti o i procedimenti gestiti da persone od organismi che emettono una

raccomandazione formale, sia essa legalmente vincolante o meno, per la risoluzione della controversia.

(12) La presente direttiva dovrebbe applicarsi ai casi in cui un organo giurisdizionale deferisce le parti a una mediazione o in cui il diritto nazionale prescrive la mediazione. La presente direttiva dovrebbe inoltre applicarsi, per quanto un giudice possa agire come Mediatore ai sensi della legislazione nazionale, alla mediazione condotta da un giudice che non sia responsabile di un procedimento giudiziario relativo alla questione o alle questioni oggetto della controversia. Tuttavia, la presente direttiva non dovrebbe estendersi ai tentativi dell'organo giurisdizionale o del giudice chiamato a risolvere la controversia nel contesto del procedimento giudiziario concernente tale controversia, ovvero ai casi in cui l'organo giurisdizionale o il giudice adito richiedano l'assistenza o la consulenza di una persona competente.

(13) La mediazione di cui alla presente direttiva dovrebbe essere un procedimento di volontaria giurisdizione nel senso che le parti gestiscono esse stesse il procedimento e possono organizzarlo come desiderano e porvi fine in qualsiasi momento. Tuttavia, in virtù del diritto nazionale, l'organo giurisdizionale dovrebbe avere la possibilità di fissare un termine al processo di mediazione. Inoltre, l'organo giurisdizionale dovrebbe, se del caso, poter richiamare l'attenzione delle parti sulla possibilità di mediazione.

(14) La presente direttiva dovrebbe inoltre fare salva la legislazione nazionale che rende il ricorso alla mediazione obbligatorio oppure soggetto ad incentivi o sanzioni, purché tale legislazione non impedisca alle parti di esercitare il loro diritto di accesso al sistema giudiziario. Del pari, la presente direttiva non dovrebbe pregiudicare gli attuali sistemi di mediazione autoregolatori nella misura in cui essi trattano aspetti non coperti dalla presente direttiva.

(15) Ai fini della certezza del diritto, la presente direttiva dovrebbe indicare la data pertinente per determinare se una controversia che le parti tentano di risolvere con la mediazione sia una controversia transfrontaliera o meno. In mancanza di un accordo scritto, si dovrebbe ritenere che le parti concordino di ricorrere alla mediazione nel momento in cui intraprendono un'azione specifica per avviare il procedimento di mediazione.

(16) Al fine di garantire la fiducia reciproca necessaria in relazione alla riservatezza, all'effetto sui termini di decadenza e prescrizione nonché al riconoscimento e all'esecuzione degli accordi risultanti dalla mediazione, gli Stati membri dovrebbero incoraggiare, in qualsiasi modo essi ritengano appropriato, la formazione dei mediatori e l'introduzione di efficaci meccanismi di controllo della qualità in merito alla fornitura dei servizi di mediazione.

(17) Gli Stati membri dovrebbero definire tali meccanismi, che possono includere il ricorso a soluzioni basate sul

mercato, e non dovrebbero essere tenuti a fornire alcun finanziamento al riguardo. I meccanismi dovrebbero essere volti a preservare la flessibilità del procedimento di mediazione e l'autonomia delle parti e a garantire che la mediazione sia condotta in un modo efficace, imparziale e competente. I mediatori dovrebbero essere a conoscenza dell'esistenza del codice europeo di condotta dei mediatori, che dovrebbe anche essere disponibile su Internet per il pubblico.

(18) Nell'ambito della protezione dei consumatori, la Commissione ha adottato una raccomandazione che stabilisce i criteri minimi di qualità che gli organi extragiudiziali che partecipano alla risoluzione consensuale delle controversie in materia di consumo dovrebbero offrire agli utenti. Qualunque mediatore o organizzazione che rientri nell'ambito di applicazione di tale raccomandazione dovrebbe essere incoraggiato a rispettare i principi in essa contenuti. Allo scopo di agevolare la diffusione delle informazioni relative a tali organi, la Commissione dovrebbe predisporre una banca dati di modelli extragiudiziali di composizione delle controversie che secondo gli Stati membri rispettano i principi di tale raccomandazione.

(19) La mediazione non dovrebbe essere ritenuta un'alternativa deteriore al procedimento giudiziario nel senso che il rispetto degli accordi derivanti dalla mediazione dipenda dalla buona volontà delle parti. Gli

Stati membri dovrebbero pertanto garantire che le parti di un accordo scritto risultante dalla mediazione possano chiedere che il contenuto dell'accordo sia reso esecutivo. Dovrebbe essere consentito a uno Stato membro di rifiutare di rendere esecutivo un accordo soltanto se il contenuto è in contrasto con il diritto del suddetto Stato membro, compreso il diritto internazionale privato, o se tale diritto non prevede la possibilità di rendere esecutivo il contenuto dell'accordo in questione. Ciò potrebbe verificarsi qualora l'obbligo contemplato nell'accordo non possa per sua natura essere reso esecutivo.

(20) Il contenuto di un accordo risultante dalla mediazione reso esecutivo in uno Stato membro dovrebbe essere riconosciuto e dichiarato esecutivo negli altri Stati membri in conformità della normativa comunitaria o nazionale applicabile, ad esempio in base al regolamento (CE) n. 44/2001 del Consiglio, del 22 dicembre 2000, concernente la competenza giurisdizionale, il riconoscimento e l'esecuzione delle decisioni in materia civile e commerciale, o al regolamento (CE) n. 2201/2003 del Consiglio, del 27 novembre 2003, relativo alla competenza, al riconoscimento e all'esecuzione delle decisioni in materia matrimoniale e in materia di responsabilità genitoriale.

(21) Il regolamento (CE) n. 2201/2003 prevede specificamente che, per essere esecutivi in un altro Stato membro, gli accordi fra le parti debbano essere esecutivi

nello Stato membro in cui sono stati conclusi. Conseguentemente, se il contenuto di un accordo risultante dalla mediazione in materia di diritto di famiglia non è esecutivo nello Stato membro in cui l'accordo è stato concluso e in cui se ne chiede l'esecuzione, la presente direttiva non dovrebbe incoraggiare le parti ad aggirare la legge di tale Stato membro rendendo l'accordo in questione esecutivo in un altro Stato membro.

(22) La presente direttiva non dovrebbe incidere sulle norme vigenti negli Stati membri in materia di esecuzione di accordi risultanti da una mediazione.

(23) La riservatezza nei procedimenti di mediazione è importante e quindi la presente direttiva dovrebbe prevedere un grado minimo di compatibilità delle norme di procedura civile relative alla maniera di proteggere la riservatezza della mediazione in un successivo procedimento giudiziario o di arbitrato in materia civile e commerciale.

(24) Per incoraggiare le parti a ricorrere alla mediazione, gli Stati membri dovrebbero provvedere affinché le loro norme relative ai termini di prescrizione o decadenza non impediscano alle parti di adire un organo giurisdizionale o di ricorrere all'arbitrato in caso di infruttuoso tentativo di mediazione. Gli Stati membri dovrebbero assicurarsi che ciò si verifichi anche se la presente direttiva non armonizza le norme nazionali relative ai termini di prescrizione e decadenza. Le disposizioni relative ai termini di

prescrizione o decadenza negli accordi internazionali resi esecutivi negli Stati membri, ad esempio nella normativa in materia di trasporto, dovrebbero essere fatte salve dalla presente direttiva.

(25) Gli Stati membri dovrebbero incoraggiare la divulgazione al pubblico di informazioni su come contattare mediatori e organizzazioni che forniscono servizi di mediazione. Dovrebbero inoltre incoraggiare i professionisti del diritto a informare i loro clienti delle possibilità di mediazione.

(26) Conformemente al punto 34 dell'accordo interistituzionale "Legiferare meglio" gli Stati membri sono incoraggiati a redigere e rendere pubblici, nell'interesse proprio e della Comunità, prospetti indicanti, per quanto possibile, la concordanza tra la presente direttiva e i provvedimenti di attuazione.

(27) La presente direttiva cerca di promuovere i diritti fondamentali e tiene conto dei principi riconosciuti in particolare dalla Carta dei diritti fondamentali dell'Unione europea.

(28) Poiché l'obiettivo della presente direttiva non può essere realizzato in misura sufficiente dagli Stati membri e può dunque, a causa delle dimensioni o degli effetti dell'intervento, essere realizzato meglio a livello comunitario, la Comunità può intervenire, in base al principio di sussidiarietà sancito dall'articolo 5 del trattato; la presente direttiva si limita a quanto è necessario per

conseguire tale obiettivo in ottemperanza al principio di proporzionalità enunciato nello stesso articolo.

(29) A norma dell'articolo 3 del protocollo sulla posizione del Regno Unito e dell'Irlanda, allegato al trattato sull'Unione europea e al trattato che istituisce la Comunità europea, il Regno Unito e l'Irlanda hanno notificato l'intenzione di partecipare all'adozione e all'applicazione della presente direttiva.

(30) A norma degli articoli 1 e 2 del protocollo sulla posizione della Danimarca, allegato al trattato sull'Unione europea e al trattato che istituisce la Comunità europea, la Danimarca non partecipa all'adozione della presente direttiva e non è vincolata da essa, né è soggetta alla sua applicazione

HANNO ADOTTATO LA PRESENTE DIRETTIVA:

Articolo 1
Obiettivo e ambito di applicazione

1. La presente direttiva ha l'obiettivo di facilitare l'accesso alla risoluzione alternativa delle controversie e di promuovere la composizione amichevole delle medesime incoraggiando il ricorso alla mediazione e garantendo un'equilibrata relazione tra mediazione e procedimento giudiziario.

2. La presente direttiva si applica, nelle controversie transfrontaliere, in materia civile e commerciale tranne per i diritti e gli obblighi non riconosciuti alle parti dalla

pertinente legge applicabile. Essa non si estende, in particolare, alla materia fiscale, doganale e amministrativa né alla responsabilità dello Stato per atti o omissioni nell'esercizio di pubblici poteri (acta iure imperii).

3. Nella presente direttiva per "Stato membro" si intendono gli Stati membri ad eccezione della Danimarca.

Articolo 2
Controversie transfrontaliere

1. Ai fini della presente direttiva per controversia transfrontaliera si intende una controversia in cui almeno una delle parti è domiciliata o risiede abitualmente in uno Stato membro diverso da quello di qualsiasi altra parte alla data in cui:

a) le parti concordano di ricorrere alla mediazione dopo il sorgere della controversia;

b) il ricorso alla mediazione è ordinato da un organo giurisdizionale;

c) l'obbligo di ricorrere alla mediazione sorge a norma del diritto nazionale; o

d) ai fini dell'articolo 5, un invito è rivolto alle parti.

2. In deroga al paragrafo 1, ai fini degli articoli 7 e 8 per controversia transfrontaliera si intende altresì una controversia in cui un procedimento giudiziario o di arbitrato risultante da una mediazione tra le parti è avviato in uno Stato membro diverso da quello in cui le parti erano

domiciliate o risiedevano abitualmente alla data di cui al paragrafo 1, lettere a), b) o c).

3. Ai fini dei paragrafi 1 e 2, il domicilio è stabilito in conformità degli articoli 59 e 60 del regolamento (CE) n. 44/2001.

Articolo 3
Definizioni

Ai fini della presente direttiva si applicano le seguenti definizioni:

a) per "mediazione" si intende un procedimento strutturato, indipendentemente dalla denominazione, dove due o più parti di una controversia tentano esse stesse, su base volontaria, di raggiungere un accordo sulla risoluzione della medesima con l'assistenza di un mediatore. Tale procedimento può essere avviato dalle parti, suggerito od ordinato da un organo giurisdizionale o prescritto dal diritto di uno Stato membro.

Esso include la mediazione condotta da un giudice che non è responsabile di alcun procedimento giudiziario concernente la controversia in questione. Esso esclude i tentativi messi in atto dall'organo giurisdizionale o dal giudice aditi al fine di giungere ad una composizione della controversia in questione nell'ambito del procedimento giudiziario oggetto della medesima;

b) per "mediatore" si intende qualunque terzo cui è chiesto di condurre la mediazione in modo efficace, imparziale e competente, indipendentemente dalla denominazione o dalla professione di questo terzo nello Stato membro interessato e dalle modalità con cui è stato nominato o invitato a condurre la mediazione.

Articolo 4
Qualità della mediazione

1. Gli Stati membri incoraggiano in qualsiasi modo da essi ritenuto appropriato l'elaborazione di codici volontari di condotta da parte dei mediatori e delle organizzazioni che forniscono servizi di mediazione nonché l'ottemperanza ai medesimi, così come qualunque altro efficace meccanismo di controllo della qualità riguardante la fornitura di servizi di mediazione.

2. Gli Stati membri incoraggiano la formazione iniziale e successiva dei mediatori allo scopo di garantire che la mediazione sia gestita in maniera efficace, imparziale e competente in relazione alle parti.

Articolo 5
Ricorso alla mediazione

1. L'organo giurisdizionale investito di una causa può, se lo ritiene appropriato e tenuto conto di tutte le circostanze del caso, invitare le parti a ricorrere alla mediazione allo scopo di dirimere la controversia. Può altresì invitare le parti a partecipare ad una sessione informativa sul ricorso

alla mediazione se tali sessioni hanno luogo e sono facilmente accessibili.

2. La presente direttiva lascia impregiudicata la legislazione nazionale che rende il ricorso alla mediazione obbligatorio oppure soggetto a incentivi o sanzioni, sia prima che dopo l'inizio del procedimento giudiziario, purché tale legislazione non impedisca alle parti di esercitare il diritto di accesso al sistema giudiziario.

Articolo 6
Esecutività degli accordi risultanti dalla mediazione

1. Gli Stati membri assicurano che le parti, o una di esse con l'esplicito consenso delle altre, abbiano la possibilità di chiedere che il contenuto di un accordo scritto risultante da una mediazione sia reso esecutivo. Il contenuto di tale accordo è reso esecutivo salvo se, nel caso in questione, il contenuto dell'accordo è contrario alla legge dello Stato membro in cui viene presentata la richiesta o se la legge di detto Stato membro non ne prevede l'esecutività.

2. Il contenuto dell'accordo può essere reso esecutivo in una sentenza, in una decisione o in un atto autentico da un organo giurisdizionale o da un'altra autorità competente in conformità del diritto dello Stato membro in cui è presentata la richiesta.

3. Gli Stati membri indicano alla Commissione gli organi giurisdizionali o le altre autorità competenti a ricevere le richieste conformemente ai paragrafi 1 e 2.

4. Nessuna disposizione del presente articolo pregiudica le norme applicabili al riconoscimento e all'esecuzione in un altro Stato membro di un accordo reso esecutivo in conformità del paragrafo 1.

Articolo 7
Riservatezza della mediazione

1. Poiché la mediazione deve avere luogo in modo da rispettare la riservatezza, gli Stati membri garantiscono che, a meno che le parti non decidano diversamente, né i mediatori né i soggetti coinvolti nell'amministrazione del procedimento di mediazione siano obbligati a testimoniare nel procedimento giudiziario o di arbitrato in materia civile e commerciale riguardo alle informazioni risultanti da un procedimento di mediazione o connesse con lo stesso, tranne nei casi in cui:

a) ciò sia necessario per superiori considerazioni di ordine pubblico dello Stato membro interessato, in particolare sia necessario per assicurare la protezione degli interessi superiori dei minori o per scongiurare un danno all'integrità fisica o psicologica di una persona; oppure

b) la comunicazione del contenuto dell'accordo risultante dalla mediazione sia necessaria ai fini dell'applicazione o dell'esecuzione di tale accordo.

2. Il paragrafo 1 non impedisce in alcun modo agli Stati membri di adottare misure più restrittive per tutelare la riservatezza della mediazione.

Articolo 8
Effetto della mediazione sui termini di prescrizione e decadenza

1. Gli Stati membri provvedono affinché alle parti che scelgono la mediazione nel tentativo di dirimere una controversia non sia successivamente impedito di avviare un procedimento giudiziario o di arbitrato in relazione a tale controversia per il fatto che durante il procedimento di mediazione siano scaduti i termini di prescrizione o decadenza.

2. Il paragrafo 1 lascia impregiudicate le disposizioni relative ai termini di prescrizione o decadenza previste dagli accordi internazionali di cui gli Stati membri sono parte.

Articolo 9
Informazioni al pubblico

Gli Stati membri incoraggiano, in qualsiasi modo ritengano appropriato, la divulgazione al pubblico, in particolare via Internet, di informazioni sulle modalità per contattare i mediatori e le organizzazioni che forniscono servizi di mediazione.

Articolo 10
Informazioni sugli organi giurisdizionali e sulle autorità competenti

La Commissione mette a disposizione del pubblico, tramite qualsiasi mezzo appropriato, le informazioni sugli organi giurisdizionali o sulle autorità competenti comunicate dagli Stati membri ai sensi dell'articolo 6, paragrafo 3.

Articolo 11
Revisione

Entro il 21 maggio 2016 la Commissione presenta al Parlamento europeo, al Consiglio e al Comitato economico e sociale europeo una relazione sull'attuazione della presente direttiva. La relazione esamina lo sviluppo della mediazione nell'Unione europea e l'impatto della presente direttiva negli Stati membri. Se del caso, la relazione è corredata di proposte di modifica della presente direttiva.

Articolo 12
Attuazione

1. Gli Stati membri mettono in vigore le disposizioni legislative, regolamentari e amministrative necessarie per conformarsi alla presente direttiva anteriormente al 21 maggio 2011, fatta eccezione per l'articolo 10, per il quale tale data è fissata al più tardi al 21 novembre 2010. Essi ne informano immediatamente la Commissione.

Quando gli Stati membri adottano tali disposizioni, queste contengono un riferimento alla presente direttiva o sono corredate di un siffatto riferimento all'atto della pubblicazione ufficiale. Le modalità di tale riferimento sono decise dagli Stati membri.

2. Gli Stati membri comunicano alla Commissione il testo delle principali disposizioni di diritto interno che essi adottano nel settore disciplinato dalla presente direttiva.

Articolo 13
Entrata in vigore

La presente direttiva entra in vigore il ventesimo giorno successivo alla pubblicazione nella Gazzetta ufficiale dell'Unione europea.

Articolo 14
Destinatari

Gli Stati membri sono destinatari della presente direttiva.
Fatto a Strasburgo, addì 21 maggio 2008.
Per il Parlamento europeo
Il presidente **H.-G. Pöttering**
Per il Consiglio
Il presidente **J. Lenarčič**

* * *

Da una lettura della direttiva europea 2008/52/CE del 21 maggio 2008 se ne capisce l'importanza, ponendo le basi per far sì che tutti gli Stati membri intrudessero la Mediazione per la risoluzione dei conflitti favorendo il dialogo tra le parti in liti per accompagnarle verso l'individuazione di un accordo che poi le parti sottoscrivendole si impegnano a rispettare. Viene ribadito come l'istituto sia finalizzato alla deflazione del sistema giudiziario italiano rispetto al carico degli arretrati e al rischio di accumulare nuovo ritardo. Esso, infatti, rappresenta uno dei pilastri fondamentali della riforma del processo civile. Il decreto legislativo distingue nettamente l'istituto della mediazione civile da altre forme di conciliazione già esistenti nell'ordinamento giuridico italiano. L'atto, infatti, dispone che per mediazione civile debba intendersi l'attività finalizzata alla composizione di una controversia e che, invece, la conciliazione sia il mero risultato di tale attività. Tale distinzione è stata ben evidenziata per sottolineare il fatto che la mediazione civile, rispetto a precedenti istituti finalizzati alla composizione dei conflitti, sia uno strumento innovativo di portata generale riguardante tutte le controversie civili e commerciali.

* * *

Un cammino, quella della Mediazione, che procede su un percorso non sempre agevole, in quanto vi è chi guarda a questa innovazione (non certo per i Paesi anglosassoni) come un qualcosa che anziché venire incontro a chi è in lite ne allungherebbe i tempi per adire a vie legali. Non a caso sono stati per lo più avvocati a storcere il naso, anche se ultimamente più di uno di essi si è ricreduto sulla sua validità o quanto meno ha assunto una posizione "agnostica", neutrale in attesa di avere conferma alle sue certezze o incertezze in merito. Mentre in Italia si era ancora in una sorta di limbo, si compivano altri passi verso l'introduzione della Mediazione. Un primo passo verso quella volontaria poi via via quella obbligatoria.

* * *

La Legge n. 69 del 18 giugno 2009 e l'importanza dell'art. 60

Trascorso poco più di un anno, il Parlamento italiano ha varato la Legge n. 69 del 18 giugno 2009 (pubblicata nella Gazzetta Ufficiale n. 140 del 19 giugno 2009 - Supplemento ordinario n. 95) inerente *"Disposizioni per lo sviluppo economico, la semplificazione, la competitività nonché in materia di processo civile"*; specifico l'articolo 60 inerente la *"(Delega al Governo in materia di mediazione e di conciliazione delle controversie civili e commerciali)"*. Ecco il testo dell'art.60

"1. Il Governo è delegato ad adottare, entro sei mesi dalla data di entrata in vigore della presente legge, uno o

più decreti legislativi in materia di mediazione e di conciliazione in ambito civile e commerciale.

2. La riforma adottata ai sensi del comma 1, nel rispetto e in coerenza con la normativa comunitaria e in conformità ai princìpi e criteri direttivi di cui al comma 3, realizza il necessario coordinamento con le altre disposizioni vigenti. I decreti legislativi previsti dal comma 1 sono adottati su proposta del Ministro della giustizia e successivamente trasmessi alle Camere, ai fini dell'espressione dei pareri da parte delle Commissioni parlamentari competenti per materia e per le conseguenze di carattere finanziario, che sono resi entro il termine di trenta giorni dalla data di trasmissione, decorso il quale i decreti sono emanati anche in mancanza dei pareri. Qualora detto termine venga a scadere nei trenta giorni antecedenti allo spirare del termine previsto dal comma 1 o successivamente, la scadenza di quest'ultimo è prorogata di sessanta giorni.

3. Nell'esercizio della delega di cui al comma 1, il Governo si attiene ai seguenti princìpi e criteri direttivi:

a) prevedere che la mediazione, finalizzata alla conciliazione, abbia per oggetto controversie su diritti disponibili, senza precludere l'accesso alla giustizia;

b) prevedere che la mediazione sia svolta da organismi professionali e indipendenti, stabilmente destinati all'erogazione del servizio di conciliazione;

c) disciplinare la mediazione, nel rispetto della normativa comunitaria, anche attraverso l'estensione delle disposizioni di cui al decreto legislativo 17 gennaio 2003, n. 5, e in ogni caso attraverso l'istituzione, presso il Ministero della giustizia, senza nuovi o maggiori oneri per la finanza pubblica, di un Registro degli organismi di conciliazione, di seguito denominato «Registro», vigilati dal medesimo Ministero, fermo restando il diritto delle camere di commercio, industria, artigianato e agricoltura che hanno costituito organismi di conciliazione ai sensi dell'articolo 2 della legge 29 dicembre 1993, n. 580, ad ottenere l'iscrizione di tali organismi nel medesimo Registro;

d) prevedere che i requisiti per l'iscrizione nel Registro e per la sua conservazione siano stabiliti con decreto del Ministro della giustizia;

e) prevedere la possibilità, per i consigli degli ordini degli avvocati, di istituire, presso i tribunali, organismi di conciliazione che, per il loro funzionamento, si avvalgono del personale degli stessi consigli;

f) prevedere che gli organismi di conciliazione istituiti presso i tribunali siano iscritti di diritto nel Registro;

g) prevedere, per le controversie in particolari materie, la facoltà di istituire organismi di conciliazione presso i consigli degli ordini professionali;

h) prevedere che gli organismi di conciliazione di cui alla lettera g) siano iscritti di diritto nel Registro;

i) prevedere che gli organismi di conciliazione iscritti nel Registro possano svolgere il servizio di mediazione anche attraverso procedure telematiche;

l) per le controversie in particolari materie, prevedere la facoltà del conciliatore di avvalersi di esperti, iscritti nell'albo dei consulenti e dei periti presso i tribunali, i cui compensi sono previsti dai decreti legislativi attuativi della delega di cui al comma 1 anche con riferimento a quelli stabiliti per le consulenze e per le perizie giudiziali;

m) prevedere che le indennità spettanti ai conciliatori, da porre a carico delle parti, siano stabilite, anche con atto regolamentare, in misura maggiore per il caso in cui sia stata raggiunta la conciliazione tra le parti;

n) prevedere il dovere dell'avvocato di informare il cliente, prima dell'instaurazione del giudizio, della possibilità di avvalersi dell'istituto della conciliazione nonché di ricorrere agli organismi di conciliazione;

o) prevedere, a favore delle parti, forme di agevolazione di carattere fiscale, assicurando, al contempo, l'invarianza del gettito attraverso gli introiti derivanti al Ministero della giustizia, a decorrere dall'anno precedente l'introduzione della norma e successivamente con cadenza annuale, dal Fondo unico giustizia di cui all'articolo 2 del decreto-legge 16 settembre 2008, n. 143, convertito, con modificazioni, dalla legge 13 novembre 2008, n. 181;

p) prevedere, nei casi in cui il provvedimento che chiude il processo corrisponda interamente al contenuto dell'accordo proposto in sede di procedimento di conciliazione, che il giudice possa escludere la ripetizione delle spese sostenute dal vincitore che ha rifiutato l'accordo successivamente alla proposta dello stesso, condannandolo altresì, e nella stessa misura, al rimborso delle spese sostenute dal soccombente, salvo quanto previsto dagli articoli 92 e 96 del codice di procedura civile, e, inoltre, che possa condannare il vincitore al pagamento di un'ulteriore somma a titolo di contributo unificato ai sensi dell'articolo 9 (L) del testo unico delle disposizioni legislative e regolamentari in materia di spese di giustizia, di cui al decreto del Presidente della Repubblica 30 maggio 2002, n. 115;

q) prevedere che il procedimento di conciliazione non possa avere una durata eccedente i quattro mesi;

r) prevedere, nel rispetto del codice deontologico, un regime di incompatibilità tale da garantire la neutralità, l'indipendenza e l'imparzialità del conciliatore nello svolgimento delle sue funzioni;

s) prevedere che il verbale di conciliazione abbia efficacia esecutiva per l'espropriazione forzata, per l'esecuzione in forma specifica e costituisca titolo per l'iscrizione di ipoteca giudiziale.

* * *

La Deliberazione del Consiglio dei Ministri
del 28 ottobre 2009

Nella seduta del 28 ottobre 2009, il Consiglio dei Ministri approvò, su proposta dal Ministro della giustizia, Angelino Alfano, uno schema di decreto legislativo che, in attuazione della delega conferita al Governo dalla legge n. 69 del 2009 in materia di processo civile, riformava la disciplina della mediazione finalizzata alla conciliazione di tutte le controversie in materia civile e commerciale,con obiettivi di deflazione e di diffusione della cultura del ricorso a soluzioni alternative. Lo schema di decreto, inoltre, adeguava la legislazione ad alcune norme comunitarie che disciplinano la mediazione. Il provvedimento venne poi trasmesso alle Commissioni parlamentari per il parere.

E fu nelle Commissioni della Camera dei deputati e del Senato che si analizzò approfonditamente il tutto. Scorrendo gli atti spicca come in realtà i contrari praticamente non ci fossero e minime riserve vennero espresse per altrettanti minimi punti. Quello che si dice "questione di lana caprina". Un iter che pertanto è scivolato sia senza troppi intoppi.

Dopo il via libero giunto dalle commissioni parlamentare, nella seduta del 19 febbraio 2010 il Consiglio dei Ministri deliberò lo schema di cui già nell'atto di pochi mesi prima.

***

Decreto Legislativo n. 28 del 4 marzo 2010

Ecco un altro passo fondamentale con l'emanazione del Decreto Legislativo n. 28 del 4 marzo 2010 emesso dal Presidente della Repubblica, pubblicato nella Gazzetta Ufficiale del 5 marzo 2010, n. 53. È composto da 24 articoli. Ecco il testo integrale.

Capo I
DISPOSIZIONI GENERALI
Art. 1
Definizioni

1. Ai fini del presente decreto legislativo, si intende per:

a) mediazione: l'attività, comunque denominata, svolta da un terzo imparziale e finalizzata ad assistere due o più soggetti sia nella ricerca di un accordo amichevole per la composizione di una controversia, sia nella formulazione di una proposta per la risoluzione della stessa;

b) mediatore: la persona o le persone fisiche che, individualmente o collegialmente, svolgono la mediazione rimanendo prive, in ogni caso, del potere di rendere giudizi o decisioni vincolanti per i destinatari del servizio medesimo;

c) conciliazione: la composizione di una controversia a seguito dello svolgimento della mediazione;

d) organismo: l'ente pubblico o privato, presso il quale può svolgersi il procedimento di mediazione ai sensi del presente decreto;

e) registro: il registro degli organismi istituito con decreto del Ministro della giustizia ai sensi dell'articolo 16 del presente decreto, nonché, sino all'emanazione di tale decreto, il registro degli organismi istituito con il decreto del Ministro della giustizia 23 luglio 2004, n. 222.

Art. 2

Controversie oggetto di mediazione

1. Chiunque può accedere alla mediazione per la conciliazione di una controversia civile e commerciale vertente su diritti disponibili, secondo le disposizioni del presente decreto.

2. Il presente decreto non preclude le negoziazioni volontarie e paritetiche relative alle controversie civili e commerciali, né le procedure di reclamo previste dalle carte dei servizi.

Capo II

DEL PROCEDIMENTO DI MEDIAZIONE

Art. 3

Disciplina applicabile e forma degli atti

1. Al procedimento di mediazione si applica il regolamento dell'organismo scelto dalle parti.

2. Il regolamento deve in ogni caso garantire la riservatezza del procedimento ai sensi dell'articolo 9, nonché modalità di nomina del mediatore che ne assicurano l'imparzialità e l'idoneità al corretto e sollecito espletamento dell'incarico.

3. Gli atti del procedimento di mediazione non sono soggetti a formalità.

4. La mediazione può svolgersi secondo modalità telematiche previste dal regolamento dell'organismo.

Art. 4
Accesso alla mediazione

1. La domanda di mediazione relativa alle controversie di cui all'articolo 2 è presentata mediante deposito di un'istanza presso un organismo. In caso di più domande relative alla stessa controversia, la mediazione si svolge davanti all'organismo presso il quale è stata presentata la prima domanda. Per determinare il tempo della domanda si ha riguardo alla data della ricezione della comunicazione.

2. L'istanza deve indicare l'organismo, le parti, l'oggetto e le ragioni della pretesa.

3. All'atto del conferimento dell'incarico, l'avvocato è tenuto a informare l'assistito della possibilità di avvalersi del procedimento di mediazione disciplinato dal presente decreto e delle agevolazioni fiscali di cui agli articoli 17 e 20. L'avvocato informa altresì l'assistito dei casi in cui

l'esperimento del procedimento di mediazione è condizione di procedibilità della domanda giudiziale. L'informazione deve essere fornita chiaramente e per iscritto. In caso di violazione degli obblighi di informazione, il contratto tra l'avvocato e l'assistito è annullabile. Il documento che contiene l'informazione è sottoscritto dall'assistito e deve essere allegato all'atto introduttivo dell'eventuale giudizio. Il giudice che verifica la mancata allegazione del documento, se non provvede ai sensi dell'articolo 5, comma 1, informa la parte della facoltà di chiedere la mediazione.

Art. 5
Condizione di procedibilità e rapporti con il processo

1. Chi intende esercitare in giudizio un'azione relativa ad una controversia in materia di condominio, diritti reali, divisione, successioni ereditarie, patti di famiglia, locazione, comodato, affitto di aziende, risarcimento del danno derivante dalla circolazione di veicoli e natanti, da responsabilità medica e da diffamazione con il mezzo della stampa o con altro mezzo di pubblicità, contratti assicurativi, bancari e finanziari, è tenuto preliminarmente a esperire il procedimento di mediazione ai sensi del presente decreto ovvero il procedimento di conciliazione previsto dal decreto legislativo 8 ottobre 2007, n. 179, ovvero il procedimento istituito in attuazione dell'articolo

128-*bis* del testo unico delle leggi in materia bancaria e creditizia di cui al decreto legislativo 1° settembre 1993, n. 385, e successive modificazioni, per le materie ivi regolate. L'esperimento del procedimento di mediazione è condizione di procedibilità della domanda giudiziale. L'improcedibilità deve essere eccepita dal convenuto, a pena di decadenza, o rilevata d'ufficio dal giudice, non oltre la prima udienza. Il giudice ove rilevi che la mediazione è già iniziata, ma non si è conclusa, fissa la successiva udienza dopo la scadenza del termine di cui all'articolo 6. Allo stesso modo provvede quando la mediazione non è stata esperita, assegnando contestualmente alle parti il termine di quindici giorni per la presentazione della domanda di mediazione. Il presente comma non si applica alle azioni previste dagli articoli 37, 140 e 140-*bis* del codice del consumo di cui al decreto legislativo 6 settembre 2005, n. 206, e successive modificazioni.

2. Fermo quanto previsto dal comma 1 e salvo quanto disposto dai commi 3 e 4, il giudice, anche in sede di giudizio di appello, valutata la natura della causa, lo stato dell'istruzione e il comportamento delle parti, può invitare le stesse a procedere alla mediazione. L'invito deve essere rivolto alle parti prima dell'udienza di precisazione delle conclusioni ovvero, quando tale udienza non è prevista, prima della discussione della causa. Se le parti aderiscono all'invito, il giudice fissa la successiva udienza dopo la

scadenza del termine di cui all'articolo 6 e, quando la mediazione non è già stata avviata, assegna contestualmente alle parti il termine di quindici giorni per la presentazione della domanda di mediazione.

3. Lo svolgimento della mediazione non preclude in ogni caso la concessione dei provvedimenti urgenti e cautelari, né la trascrizione della domanda giudiziale.

4. I commi 1 e 2 non si applicano:

a) nei procedimenti per ingiunzione, inclusa l'opposizione, fino alla pronuncia sulle istanze di concessione e sospensione della provvisoria esecuzione;

b) nei procedimenti per convalida di licenza o sfratto, fino al mutamento del rito di cui all'articolo 667 del codice di procedura civile;

c) nei procedimenti possessori, fino alla pronuncia dei provvedimenti di cui all'articolo 703, terzo comma, del codice di procedura civile;

d) nei procedimenti di opposizione o incidentali di cognizione relativi all'esecuzione forzata;

e) nei procedimenti in camera di consiglio;

f) nell'azione civile esercitata nel processo penale.

5. Fermo quanto previsto dal comma 1 e salvo quanto disposto dai commi 3 e 4, se il contratto, lo statuto ovvero l'atto costitutivo dell'ente prevedono una clausola di mediazione o conciliazione e il tentativo non risulta esperito, il giudice o l'arbitro, su eccezione di parte, proposta nella prima difesa, assegna alle parti il termine di

quindici giorni per la presentazione della domanda di mediazione e fissa la successiva udienza dopo la scadenza del termine di cui all'articolo 6. Allo stesso modo il giudice o l'arbitro fissa la successiva udienza quando la mediazione o il tentativo di conciliazione sono iniziati, ma non conclusi. La domanda è presentata davanti all'organismo indicato dalla clausola, se iscritto nel registro, ovvero, in mancanza, davanti ad un altro organismo iscritto, fermo il rispetto del criterio di cui all'articolo 4, comma 1. In ogni caso, le parti possono concordare, successivamente al contratto o allo statuto o all'atto costitutivo, l'individuazione di un diverso organismo iscritto.

6. Dal momento della comunicazione alle altre parti, la domanda di mediazione produce sulla prescrizione gli effetti della domanda giudiziale. Dalla stessa data, la domanda di mediazione impedisce altresì la decadenza per una sola volta, ma se il tentativo fallisce la domanda giudiziale deve essere proposta entro il medesimo termine di decadenza, decorrente dal deposito del verbale di cui all'articolo 11 presso la segreteria dell'organismo.

Art. 6
Durata

1. Il procedimento di mediazione ha una durata non superiore a quattro mesi.
2. Il termine di cui al comma 1 decorre dalla data di deposito della domanda di mediazione, ovvero dalla

scadenza di quello fissato dal giudice per il deposito della stessa e, anche nei casi in cui il giudice dispone il rinvio della causa ai sensi del quarto o del quinto periodo del comma 1 dell'articolo 5, non è soggetto a sospensione feriale.

Art. 7
Effetti sulla ragionevole durata del processo

1. Il periodo di cui all'articolo 6 e il periodo del rinvio disposto dal giudice ai sensi dell'articolo 5, comma 1, non si computano ai fini di cui all'articolo 2 della legge 24 marzo 2001, n. 89.

Art. 8
Procedimento

1. All'atto della presentazione della domanda di mediazione, il responsabile dell'organismo designa un mediatore e fissa il primo incontro tra le parti non oltre quindici giorni dal deposito della domanda. La domanda e la data del primo incontro sono comunicate all'altra parte con ogni mezzo idoneo ad assicurarne la ricezione, anche a cura della parte istante. Nelle controversie che richiedono specifiche competenze tecniche, l'organismo può nominare uno o più mediatori ausiliari.

2. Il procedimento si svolge senza formalità presso la sede dell'organismo di mediazione o nel luogo indicato dal regolamento di procedura dell'organismo.

3. Il mediatore si adopera affinché le parti raggiungano un accordo amichevole di definizione della controversia.

4. Quando non può procedere ai sensi del comma 1, ultimo periodo, il mediatore può avvalersi di esperti iscritti negli albi dei consulenti presso i tribunali. Il regolamento di procedura dell'organismo deve prevedere le modalità di calcolo e liquidazione dei compensi spettanti agli esperti.
5. Dalla mancata partecipazione senza giustificato motivo al procedimento di mediazione il giudice può desumere argomenti di prova nel successivo giudizio ai sensi dell'articolo 116, secondo comma, del codice di procedura civile.

Art. 9
Dovere di riservatezza

1. Chiunque presta la propria opera o il proprio servizio nell'organismo o comunque nell'ambito del procedimento di mediazione è tenuto all'obbligo di riservatezza rispetto alle dichiarazioni rese e alle informazioni acquisite durante il procedimento medesimo.

2. Rispetto alle dichiarazioni rese e alle informazioni acquisite nel corso delle sessioni separate e salvo consenso della parte dichiarante o dalla quale provengono le informazioni, il mediatore è altresì tenuto alla riservatezza nei confronti delle altre parti.

Art. 10
Inutilizzabilità e segreto professionale

1. Le dichiarazioni rese o le informazioni acquisite nel corso del procedimento di mediazione non possono essere utilizzate nel giudizio avente il medesimo oggetto anche parziale, iniziato, riassunto o proseguito dopo l'insuccesso della mediazione, salvo consenso della parte dichiarante o dalla quale provengono le informazioni. Sul contenuto delle stesse dichiarazioni e informazioni non è ammessa prova testimoniale e non può essere deferito giuramento decisorio.

2. Il mediatore non può essere tenuto a deporre sul contenuto delle dichiarazioni rese e delle informazioni acquisite nel procedimento di mediazione, né davanti all'autorità giudiziaria né davanti ad altra autorità. Al mediatore si applicano le disposizioni dell'articolo 200 del codice di procedura penale e si estendono le garanzie previste per il difensore dalle disposizioni dell'articolo 103 del codice di procedura penale in quanto applicabili.

Art. 11
Conciliazione

1. Se è raggiunto un accordo amichevole, il mediatore forma processo verbale al quale è allegato il testo dell'accordo medesimo. Quando l'accordo non è raggiunto, il mediatore può formulare una proposta di

conciliazione. In ogni caso, il mediatore formula una proposta di conciliazione se le parti gliene fanno concorde richiesta in qualunque momento del procedimento. Prima della formulazione della proposta, il mediatore informa le parti delle possibili conseguenze di cui all'articolo 13.

2. La proposta di conciliazione è comunicata alle parti per iscritto. Le parti fanno pervenire al mediatore, per iscritto ed entro sette giorni, l'accettazione o il rifiuto della proposta. In mancanza di risposta nel termine, la proposta si ha per rifiutata. Salvo diverso accordo delle parti, la proposta non può contenere alcun riferimento alle dichiarazioni rese o alle informazioni acquisite nel corso del procedimento.

3. Se è raggiunto l'accordo amichevole di cui al comma 1 ovvero se tutte le parti aderiscono alla proposta del mediatore, si forma processo verbale che deve essere sottoscritto dalle parti e dal mediatore, il quale certifica l'autografia della sottoscrizione delle parti o la loro impossibilità di sottoscrivere. Se con l'accordo le parti concludono uno dei contratti o compiono uno degli atti previsti dall'articolo 2643 del codice civile, per procedere alla trascrizione dello stesso la sottoscrizione del processo verbale deve essere autenticata da un pubblico ufficiale a ciò autorizzato. L'accordo raggiunto, anche a seguito della proposta, può prevedere il pagamento di una somma di denaro per ogni violazione o inosservanza degli obblighi stabiliti ovvero per il ritardo nel loro adempimento.

4. Se la conciliazione non riesce, il mediatore forma processo verbale con l'indicazione della proposta; il verbale è sottoscritto dalle parti e dal mediatore, il quale certifica l'autografia della sottoscrizione delle parti o la loro impossibilità di sottoscrivere. Nello stesso verbale, il mediatore dà atto della mancata partecipazione di una delle parti al procedimento di mediazione.

5. Il processo verbale è depositato presso la segreteria dell'organismo e di esso è rilasciata copia alle parti che lo richiedono.

Art. 12
Efficacia esecutiva ed esecuzione

1. Il verbale di accordo, il cui contenuto non è contrario all'ordine pubblico o a norme imperative, è omologato, su istanza di parte e previo accertamento anche della regolarità formale, con decreto del presidente del tribunale nel cui circondario ha sede l'organismo. Nelle controversie transfrontaliere di cui all'articolo 2 della direttiva 2008/52/CE del Parlamento europeo e del Consiglio, del 21 maggio 2008, il verbale è omologato dal presidente del tribunale nel cui circondario l'accordo deve avere esecuzione.

2. Il verbale di cui al comma 1 costituisce titolo esecutivo per l'espropriazione forzata, per l'esecuzione in forma specifica e per l'iscrizione di ipoteca giudiziale.

Art. 13
Spese processuali

1. Quando il provvedimento che definisce il giudizio corrisponde interamente al contenuto della proposta, il giudice esclude la ripetizione delle spese sostenute dalla parte vincitrice che ha rifiutato la proposta, riferibili al periodo successivo alla formulazione della stessa, e la condanna al rimborso delle spese sostenute dalla parte soccombente relative allo stesso periodo, nonché al versamento all'entrata del bilancio dello Stato di un'ulteriore somma di importo corrispondente al contributo unificato dovuto. Resta ferma l'applicabilità degli articoli 92 e 96 del codice di procedura civile. Le disposizioni di cui al presente comma si applicano altresì alle spese per l'indennità corrisposta al mediatore e per il compenso dovuto all'esperto di cui all'articolo 8, comma 4.

2. Quando il provvedimento che definisce il giudizio non corrisponde interamente al contenuto della proposta, il giudice, se ricorrono gravi ed eccezionali ragioni, può nondimeno escludere la ripetizione delle spese sostenute dalla parte vincitrice per l'indennità corrisposta al mediatore e per il compenso dovuto all'esperto di cui all'articolo 8, comma 4. Il giudice deve indicare esplicitamente, nella motivazione, le ragioni del provvedimento sulle spese di cui al periodo precedente.

3. Salvo diverso accordo le disposizioni precedenti non si applicano ai procedimenti davanti agli arbitri.

Art. 14

Obblighi del mediatore

1. Al mediatore e ai suoi ausiliari è fatto divieto di assumere diritti o obblighi connessi, direttamente o indirettamente, con gli affari trattati, fatta eccezione per quelli strettamente inerenti alla prestazione dell'opera o del servizio; è fatto loro divieto di percepire compensi direttamente dalle parti.

2. Al mediatore è fatto, altresì, obbligo di:

a) sottoscrivere, per ciascun affare per il quale è designato, una dichiarazione di imparzialità secondo le formule previste dal regolamento di procedura applicabile, nonché gli ulteriori impegni eventualmente previsti dal medesimo regolamento;

b) informare immediatamente l'organismo e le parti delle ragioni di possibile pregiudizio all'imparzialità nello svolgimento della mediazione;

c) formulare le proposte di conciliazione nel rispetto del limite dell'ordine pubblico e delle norme imperative;

d) corrispondere immediatamente a ogni richiesta organizzativa del responsabile dell'organismo.

3. Su istanza di parte, il responsabile dell'organismo provvede alla eventuale sostituzione del mediatore. Il regolamento individua la diversa competenza a decidere

sull'istanza, quando la mediazione è svolta dal responsabile dell'organismo.

Art. 15
Mediazione nell'azione di classe

1. Quando è esercitata l'azione di classe prevista dall'articolo 140-*bis* del codice del consumo, di cui al decreto legislativo 6 settembre 2005, n. 206, e successive modificazioni, la conciliazione, intervenuta dopo la scadenza del termine per l'adesione, ha effetto anche nei confronti degli aderenti che vi abbiano espressamente consentito.

Capo III
ORGANISMI DI MEDIAZIONE

Art. 16
Organismi di mediazione e registro. Elenco dei formatori

1. Gli enti pubblici o privati, che diano garanzie di serietà ed efficienza, sono abilitati a costituire organismi deputati, su istanza della parte interessata, a gestire il procedimento di mediazione nelle materie di cui all'articolo 2 del presente decreto. Gli organismi devono essere iscritti nel registro.

2. La formazione del registro e la sua revisione, l'iscrizione, la sospensione e la cancellazione degli iscritti, l'istituzione di separate sezioni del registro per la

trattazione degli affari che richiedono specifiche competenze anche in materia di consumo e internazionali, nonché la determinazione delle indennità spettanti agli organismi sono disciplinati con appositi decreti del Ministro della giustizia, di concerto, relativamente alla materia del consumo, con il Ministro dello sviluppo economico. Fino all'adozione di tali decreti si applicano, in quanto compatibili, le disposizioni dei decreti del Ministro della giustizia 23 luglio 2004, n. 222 e 23 luglio 2004, n. 223. A tali disposizioni si conformano, sino alla medesima data, gli organismi di composizione extragiudiziale previsti dall'articolo 141 del codice del consumo, di cui al decreto legislativo 6 settembre 2005, n. 206, e successive modificazioni.

3. L'organismo, unitamente alla domanda di iscrizione nel registro, deposita presso il Ministero della giustizia il proprio regolamento di procedura e il codice etico, comunicando ogni successiva variazione. Nel regolamento devono essere previste, fermo quanto stabilito dal presente decreto, le procedure telematiche eventualmente utilizzate dall'organismo, in modo da garantire la sicurezza delle comunicazioni e il rispetto della riservatezza dei dati. Al regolamento devono essere allegate le tabelle delle indennità spettanti agli organismi costituiti da enti privati, proposte per l'approvazione a norma dell'articolo 17. Ai fini dell'iscrizione nel registro il Ministero della giustizia valuta l'idoneità del regolamento.

4. La vigilanza sul registro è esercitata dal Ministero della giustizia e, con riferimento alla sezione per la trattazione degli affari in materia di consumo di cui al comma 2, anche dal Ministero dello sviluppo economico.

5. Presso il Ministero della giustizia è istituito, con decreto ministeriale, l'elenco dei formatori per la mediazione. Il decreto stabilisce i criteri per l'iscrizione, la sospensione e la cancellazione degli iscritti, nonché per lo svolgimento dell'attività di formazione, in modo da garantire elevati livelli di formazione dei mediatori. Con lo stesso decreto, è stabilita la data a decorrere dalla quale la partecipazione all'attività di formazione di cui al presente comma costituisce per il mediatore requisito di qualificazione professionale.

6. L'istituzione e la tenuta del registro e dell'elenco dei formatori avvengono nell'ambito delle risorse umane, finanziarie e strumentali già esistenti, e disponibili a legislazione vigente, presso il Ministero della giustizia e il Ministero dello sviluppo economico, per la parte di rispettiva competenza, e, comunque, senza nuovi o maggiori oneri per il bilancio dello Stato.

Art. 17
Risorse, regime tributario e indennità

1. In attuazione dell'articolo 60, comma 3, lettera o), della legge 18 giugno 2009, n. 69, le agevolazioni fiscali

previste dal presente articolo, commi 2 e 3, e dall'articolo 20, rientrano tra le finalità del Ministero della giustizia finanziabili con la parte delle risorse affluite al «Fondo Unico Giustizia» attribuite al predetto Ministero, ai sensi del comma 7 dell'articolo 2, lettera *b)*, del decreto-legge 16 settembre 2008, n. 143, convertito, con modificazioni, dalla legge 13 novembre 2008, n. 181, e dei commi 3 e 4 dell'articolo 7 del decreto del Ministro dell'economia e delle finanze 30 luglio 2009, n. 127.

2. Tutti gli atti, documenti e provvedimenti relativi al procedimento di mediazione sono esenti dall'imposta di bollo e da ogni spesa, tassa o diritto di qualsiasi specie e natura.

3. Il verbale di accordo è esente dall'imposta di registro entro il limite di valore di 50.000 euro, altrimenti l'imposta è dovuta per la parte eccedente.

4. Con il decreto di cui all'articolo 16, comma 2, sono determinati:

a) l'ammontare minimo e massimo delle indennità spettanti agli organismi pubblici, il criterio di calcolo e le modalità di ripartizione tra le parti;

b) i criteri per l'approvazione delle tabelle delle indennità proposte dagli organismi costituiti da enti privati;

c) le maggiorazioni massime delle indennità dovute, non superiori al venticinque per cento, nell'ipotesi di successo della mediazione;

d) le riduzioni minime delle indennità dovute nelle ipotesi in cui la mediazione è condizione di procedibilità ai sensi dell'articolo 5, comma 1.

5. Quando la mediazione è condizione di procedibilità della domanda ai sensi dell'articolo 5, comma 1, all'organismo non è dovuta alcuna indennità dalla parte che si trova nelle condizioni per l'ammissione al patrocinio a spese dello Stato, ai sensi dell'articolo 76 (L) del testo unico delle disposizioni legislative e regolamentari in materia di spese di giustizia di cui al decreto del Presidente della Repubblica del 30 maggio 2002, n. 115. A tale fine la parte è tenuta a depositare presso l'organismo apposita dichiarazione sostitutiva dell'atto di notorietà, la cui sottoscrizione può essere autenticata dal medesimo mediatore, nonché a produrre, a pena di inammissibilità, se l'organismo lo richiede, la documentazione necessaria a comprovare la veridicità di quanto dichiarato.

6. Il Ministero della giustizia provvede, nell'ambito delle proprie attività istituzionali, al monitoraggio delle mediazioni concernenti i soggetti esonerati dal pagamento dell'indennità di mediazione. Dei risultati di tale monitoraggio si tiene conto per la determinazione, con il

decreto di cui all'articolo 16, comma 2, delle indennità spettanti agli organismi pubblici, in modo da coprire anche il costo dell'attività prestata a favore dei soggetti aventi diritto all'esonero.

7. L'ammontare dell'indennità può essere rideterminato ogni tre anni in relazione alla variazione, accertata dall'Istituto Nazionale di Statistica, dell'indice dei prezzi al consumo per le famiglie di operai e impiegati, verificatasi nel triennio precedente.

8. Alla copertura degli oneri derivanti dalle disposizioni dei commi 2 e 3, valutati in 5,9 milioni di euro per l'anno 2010 e 7,018 milioni di euro a decorrere dall'anno 2011, si provvede mediante corrispondente riduzione della quota delle risorse del «Fondo unico giustizia» di cui all'articolo 2, comma 7, lettera b) del decreto-legge 16 settembre 2008, n. 143, convertito, con modificazioni, dalla legge 13 novembre 2008, n. 181, che, a tale fine, resta acquisita all'entrata del bilancio dello Stato.

9. Il Ministro dell'economia e delle finanze provvede al monitoraggio degli oneri di cui ai commi 2 e 3 ed in caso si verifichino scostamenti rispetto alle previsioni di cui al comma 8, resta acquisito all'entrata l'ulteriore importo necessario a garantire la copertura finanziaria del maggiore onere a valere sulla stessa quota del Fondo unico giustizia di cui al comma 8.

Art. 18
Organismi presso i tribunali

1. I consigli degli ordini degli avvocati possono istituire organismi presso ciascun tribunale, avvalendosi di proprio personale e utilizzando i locali loro messi a disposizione dal presidente del tribunale. Gli organismi presso i tribunali sono iscritti al registro a semplice domanda, nel rispetto dei criteri stabiliti dai decreti di cui all'articolo 16.

Art. 19
Organismi presso i consigli degli ordini professionali e presso le camere di commercio

1. I consigli degli ordini professionali possono istituire, per le materie riservate alla loro competenza, previa autorizzazione del Ministero della giustizia, organismi speciali, avvalendosi di proprio personale e utilizzando locali nella propria disponibilità.

2. Gli organismi di cui al comma 1 e gli organismi istituiti ai sensi dell'articolo 2, comma 4, della legge 29 dicembre 1993, n. 580, dalle camere di commercio, industria, artigianato e agricoltura sono iscritti al registro a semplice domanda, nel rispetto dei criteri stabiliti dai decreti di cui all'articolo 16.

Capo IV
DISPOSIZIONI IN MATERIA FISCALE E INFORMATIVA

Art. 20
Credito d'imposta

1. Alle parti che corrispondono l'indennità ai soggetti abilitati a svolgere il procedimento di mediazione presso gli organismi è riconosciuto, in caso di successo della mediazione, un credito d'imposta commisurato all'indennità stessa, fino a concorrenza di euro cinquecento, determinato secondo quanto disposto dai commi 2 e 3. In caso di insuccesso della mediazione, il credito d'imposta è ridotto della metà.

2. A decorrere dall'anno 2011, con decreto del Ministro della giustizia, entro il 30 aprile di ciascun anno, è determinato l'ammontare delle risorse a valere sulla quota del «Fondo unico giustizia» di cui all'articolo 2, comma 7, lettera b), del decreto-legge 16 settembre 2008, n. 143, convertito, con modificazioni, dalla legge 13 novembre 2008, n. 181, destinato alla copertura delle minori entrate derivanti dalla concessione del credito d'imposta di cui al comma 1 relativo alle mediazioni concluse nell'anno precedente. Con il medesimo decreto è individuato il credito d'imposta effettivamente spettante in relazione all'importo di ciascuna mediazione in misura

proporzionale alle risorse stanziate e, comunque, nei limiti dell'importo indicato al comma 1.

3. Il Ministero della giustizia comunica all'interessato l'importo del credito d'imposta spettante entro 30 giorni dal termine indicato al comma 2 per la sua determinazione e trasmette, in via telematica, all'Agenzia delle entrate l'elenco dei beneficiari e i relativi importi a ciascuno comunicati.

4. Il credito d'imposta deve essere indicato, a pena di decadenza, nella dichiarazione dei redditi ed è utilizzabile a decorrere dalla data di ricevimento della comunicazione di cui al comma 3, in compensazione ai sensi dell'articolo 17 del decreto legislativo 9 luglio 1997, n. 241, nonché, da parte delle persone fisiche non titolari di redditi d'impresa o di lavoro autonomo, in diminuzione delle imposte sui redditi. Il credito d'imposta non dà luogo a rimborso e non concorre alla formazione del reddito ai fini delle imposte sui redditi, né del valore della produzione netta ai fini dell'imposta regionale sulle attività produttive e non rileva ai fini del rapporto di cui agli articoli 61 e 109, comma 5, del testo unico delle imposte sui redditi, di cui al decreto del Presidente della Repubblica 22 dicembre 1986, n. 917.

5. Ai fini della copertura finanziaria delle minori entrate derivanti dal presente articolo il Ministero della giustizia

provvede annualmente al versamento dell'importo corrispondente all'ammontare delle risorse destinate ai crediti d'imposta sulla contabilità speciale n. 1778 «Agenzia delle entrate - Fondi di bilancio».

Art. 21
Informazioni al pubblico

1. Il Ministero della giustizia cura, attraverso il Dipartimento per l'informazione e l'editoria della Presidenza del Consiglio dei Ministri e con i fondi previsti dalla legge 7 giugno 2000, n. 150, la divulgazione al pubblico attraverso apposite campagne pubblicitarie, in particolare via internet, di informazioni sul procedimento di mediazione e sugli organismi abilitati a svolgerlo.

Capo V
ABROGAZIONI, COORDINAMENTI E DISPOSIZIONI TRANSITORIE

Art. 22
Obblighi di segnalazione per la prevenzione del sistema finanziario a scopo di riciclaggio e di finanziamento del terrorismo

1. All'articolo 10, comma 2, lettera *e)*, del decreto legislativo 21 novembre 2007, n. 231, dopo il numero 5) è aggiunto il seguente: «5-*bis)* mediazione, ai sensi dell'articolo 60 della legge 18 giugno 2009, n. 69;».

Art. 23
Abrogazioni

1. Sono abrogati gli articoli da 38 a 40 del decreto legislativo 17 gennaio 2003, n. 5, e i rinvii operati dalla legge a tali articoli si intendono riferiti alle corrispondenti disposizioni del presente decreto.
2. Restano ferme le disposizioni che prevedono i procedimenti obbligatori di conciliazione e mediazione, comunque denominati, nonché le disposizioni concernenti i procedimenti di conciliazione relativi alle controversie di cui all'articolo 409 del codice di procedura civile. I procedimenti di cui al periodo precedente sono esperiti in luogo di quelli previsti dal presente decreto.

Art. 24
Disposizioni transitorie e finali

1. Le disposizioni di cui all'articolo 5, comma 1, acquistano efficacia decorsi dodici mesi dalla data di entrata in vigore del presente decreto e si applicano ai processi successivamente iniziati.

***

Il Decreto Legislativo n.28 del 4 marzo 2010 introdusse quei principi propri della Mediazione civile, ponendo dei paletti ben precisi. In particolare l'art. 5 prevede che chiunque intenda esercitare in giudizio un'azione relativa ad una controversia in materia di condominio, diritti reali, divisione, successioni ereditarie, patti di famiglia, locazione, comodato, affitto di aziende, risarcimento del danno derivante dalla circolazione di veicoli e natanti, da responsabilità medica e da diffamazione con il mezzo della stampa o con altro mezzo di pubblicità, contratti assicurativi, bancari e finanziari, è tenuto preliminarmente a esperire il procedimento di mediazione civile.

Tre tipi di mediazione:

1) **facoltativa**, quando viene liberamente scelta dalle parti;

2) **obbligatoria** (entrato poi in vigore decorsi dodici mesi dalla data di entrata in vigore del decreto, di cui si discorre, ex art. 24), quando è imposta dalla legge; il procedimento di mediazione deve essere esperito, a pena di improcedibilità (da eccepire nel primo atto difensivo dal convenuto, oppure dal giudice non oltre la prima udienza), nei casi di controversie relative a:

- ❖ condominio;
- ❖ diritti reali;
- ❖ divisione;
- ❖ successioni ereditarie;
- ❖ patti di famiglia;
- ❖ locazione;
- ❖ comodato;

❖ affitto di azienda;

❖ risarcimento del danno derivante dalla circolazione di veicoli e natanti;

❖ risarcimento del danno derivante da responsabilità medica;

❖ risarcimento del danno derivante da diffamazione con il mezzo della stampa o altro mezzo di pubblicità;

❖ contratti assicurativi, bancari e finanziari;

3) **giudiziale**, quando è il giudice ad invitare le parte ad intraprendere un percorso di mediazione (con ordinanza); l'invito potrà essere fatto in qualunque momento, purché prima dell'udienza di precisazione delle conclusioni ovvero, quando tale udienza non è prevista, prima della discussione della causa.

Vi viene poi precisato che l'istituto della mediazione non può riguardare:

❖ i procedimenti per ingiunzione, inclusa l'opposizione, fino alla pronuncia sulle istanze di concessione e sospensione della provvisoria esecuzione;

❖ i procedimenti per convalida di licenza o sfratto, fino al mutamento di rito di cui all'art. 667 c.p.c.;

❖ i procedimenti possessori, fino alla pronuncia dei provvedimenti di cui all'art. 703 c.p.c., comma 3, c.p.c.;

❖ i procedimenti di opposizione o incidentali di cognizione, relativi all'esecuzione forzata;

❖ i procedimenti in camera di consiglio;

❖ l'azione civile esercitata nel processo penale.

Per il procedimento di mediazione, snello, informale, riservato è stata fissata una durata di quattro mesi, il che è non poco positivo raffrontato ai tempi a dir poco biblici ed incerti di una causa civile dove oltretutto una delle due parti inevitabilmente ne uscirebbe perdente. Nella mediazione, invece, uno dei principi cardini è quello del win-win ossia vincitore-vincitore, dove le parti si cerca, con il supporto del terzo neutrale che li aiuta nel loro percorso nel ritrovare il dialogo perso, di farle ritrovare su un punto di accordo che soddisfi i reciproci interessi.

***

Decreto Ministeriale n. 180 del 18 ottobre 2010

Trascorsi pochi mesi venne emanato il Decreto Ministeriale 18 ottobre 2010 n. 180, il quale ha regolamentato i criteri e le modalità di iscrizione e tenuta del registro degli organismi di mediazione e dell'elenco dei formatori per la mediazione, nonché la tabella delle indennità spettanti ai mediatori per l'opera prestata. Il D.M. 180/2010 venne integrato e "ritoccato" dal D.M. del

6 luglio 2011, n. 145 (sul quale mi soffermerò poco più avanti). Ecco di seguito il testo come modificato con il D.M. 145/2011 (per evitare inutili ripetizioni, il testo iniziale ho preferito non metterlo in questo volume).

D.M. DEL MINISTERO DELLA GIUSTIZIA 18 OTTOBRE 2010, N. 180 (aggiornato al D.M. 145/2011)

Regolamento recante la determinazione dei criteri e delle modalità di iscrizione e tenuta del registro degli organismi di mediazione e dell'elenco dei formatori per la mediazione, nonché l'approvazione delle indennità spettanti agli organismi, ai sensi dell'articolo 16 del decreto legislativo n. 28 del 2010.

IL MINISTRO DELLA GIUSTIZIA

di concerto con

IL MINISTRO DELLO SVILUPPO ECONOMICO

Visto l'articolo 17, comma 3, della legge 23 agosto 1988, n. 400;

Visto l'articolo 16 del decreto legislativo 4 marzo 2010, n. 28, recante attuazione dell'articolo 60 della legge 18 giugno 2009, n. 69, in materia di mediazione finalizzata alla conciliazione delle controversie civili e commerciali;

Udito il parere favorevole del Consiglio di Stato, espresso dalla Sezione consultiva per gli atti normativi nell'adunanza del 22 settembre 2010;

Vista la comunicazione alla Presidenza del Consiglio dei Ministri in data 14 ottobre 2010;

Adotta il seguente regolamento:

Capo I
Disposizioni generali

Art. 1
Definizioni

1. Ai fini del presente decreto si intende per:

a) «Ministero»: il Ministero della giustizia;

b) «decreto legislativo»: il decreto legislativo 4 marzo 2010, n. 28;

c) «mediazione»: l'attività', comunque denominata, svolta da un terzo imparziale e finalizzata ad assistere due o più soggetti sia nella ricerca di un accordo amichevole per la composizione di una controversia, sia nella formulazione di una proposta per la risoluzione della stessa;

d) «mediatore»: la persona o le persone fisiche che, individualmente o collegialmente, svolgono la mediazione rimanendo prive, in ogni caso, del potere di rendere giudizi o decisioni vincolanti per i destinatari del servizio medesimo;

e) «conciliazione»: la composizione di una controversia a seguito dello svolgimento della mediazione;

f) «organismo»: l'ente pubblico o privato, ovvero la sua articolazione, presso cui può svolgersi il procedimento di mediazione ai sensi del decreto legislativo;

g) «regolamento»: l'atto contenente l'autonoma disciplina della procedura di mediazione e dei relativi costi, adottato dall'organismo;

h) «indennità»: l'importo posto a carico degli utenti per la fruizione del servizio di mediazione fornito dagli organismi;

i) «registro»: il registro degli organismi istituito presso il Ministero;

l) «responsabile»: il responsabile della tenuta del registro e dell'elenco;

m) «formatore»: la persona o le persone fisiche che svolgono l'attività di formazione dei mediatori;

n) «enti di formazione»: gli enti pubblici e privati, ovvero le loro articolazioni, presso cui si svolge l'attività' di formazione dei mediatori;

o) «responsabile scientifico»: la persona o le persone fisiche che svolgono i compiti di cui all'articolo 18, comma 2, lettera i), assicurando l'idoneità dell'attività svolta dagli enti di formazione;

p) «elenco»: l'elenco degli enti di formazione istituito presso il Ministero;

q) «ente pubblico»: la persona giuridica di diritto pubblico interno, comunitario, internazionale o straniero;

r) «ente privato»: qualsiasi soggetto di diritto privato, diverso dalla persona fisica;

s) «CCIAA»: le camere di commercio, industria, artigianato e agricoltura.

Art. 2
Oggetto

1. Il presente decreto disciplina:

a) l'istituzione del registro presso il Ministero;

b) i criteri e le modalità di iscrizione nel registro, nonché la vigilanza, il monitoraggio, la sospensione e la cancellazione dei singoli organismi dal registro;

c) l'istituzione dell'elenco presso il Ministero;

d) i criteri e le modalità di iscrizione nell'elenco, nonché la vigilanza, il monitoraggio, la sospensione e la cancellazione degli enti di formazione dall'elenco;

e) l'ammontare minimo e massimo e il criterio di calcolo delle indennità spettanti agli organismi costituiti da enti pubblici di diritto interno, nonché i criteri per l'approvazione delle tabelle delle indennità proposte dagli organismi costituiti dagli enti privati.

Capo II
Registro degli organismi

Art. 3
Registro

1. È istituito il registro degli organismi abilitati a svolgere la mediazione.

2. Il registro è tenuto presso il Ministero nell'ambito delle risorse umane, finanziarie e strumentali già esistenti presso il Dipartimento per gli affari di giustizia; ne è responsabile il direttore generale della giustizia civile, ovvero persona da lui delegata con qualifica dirigenziale o con qualifica di magistrato (1) nell'ambito della direzione generale. Il direttore generale della giustizia civile, al fine di esercitare

la vigilanza, si può avvalere dell'Ispettorato generale del Ministero della giustizia. (1) Ai fini della vigilanza sulla sezione del registro per la trattazione degli affari in materia di rapporti di consumo di cui al comma 3, parte i), sezione C e parte ii), sezione C, il responsabile esercita i poteri di cui al presente decreto sentito il Ministero dello sviluppo economico.

3. Il registro è articolato in modo da contenere le seguenti annotazioni:

parte i): enti pubblici;

sezione A: elenco dei mediatori;

sezione B: elenco dei mediatori esperti nella materia internazionale;

sezione C: elenco dei mediatori esperti nella materia dei rapporti di consumo;

parte ii): enti privati;

sezione A: elenco dei mediatori;

sezione B: elenco dei mediatori esperti nella materia internazionale;

sezione C: elenco dei mediatori esperti nella materia dei rapporti di consumo;

sezione D: elenco dei soci, associati, amministratori, rappresentanti degli organismi.

4. Il responsabile cura il continuo aggiornamento dei dati.

5. La gestione del registro avviene con modalità informatiche che assicurano la possibilità di rapida elaborazione di dati con finalità connessa ai compiti di tenuta di cui al presente decreto.

6. Gli elenchi dei mediatori sono pubblici; l'accesso alle altre annotazioni è regolato dalle vigenti disposizioni di legge.

(1) Parole aggiunte dal D.M. Giustizia 6 luglio 2011, n. 145.

Art. 4
Criteri per l'iscrizione nel registro

1. Nel registro sono iscritti, a domanda, gli organismi di mediazione costituiti da enti pubblici e privati.

2. Il responsabile verifica la professionalità e l'efficienza dei richiedenti e, in particolare:

a) la capacità finanziaria e organizzativa del richiedente, nonché la compatibilità dell'attività di mediazione con l'oggetto sociale o lo scopo associativo; ai fini della dimostrazione della capacità finanziaria, il richiedente deve possedere un capitale non inferiore a quello la cui sottoscrizione è necessaria alla costituzione di una società a responsabilità limitata; ai fini della dimostrazione della capacità organizzativa, il richiedente deve attestare di poter svolgere l'attività di mediazione in almeno due regioni italiane o in almeno due province della medesima regione, anche attraverso gli accordi di cui all'articolo 7, comma 2, lettera c);

b) il possesso da parte del richiedente di una polizza assicurativa di importo non inferiore a 500.000,00 euro per la responsabilità a qualunque titolo derivante dallo svolgimento dell'attività di mediazione;

c) i requisiti di onorabilità dei soci, associati, amministratori o rappresentanti dei predetti enti, conformi a quelli fissati dall'articolo 13 del decreto legislativo 24 febbraio 1998, n. 58;

d) la trasparenza amministrativa e contabile dell'organismo, ivi compreso il rapporto giuridico ed economico tra l'organismo e l'ente di cui eventualmente costituisca articolazione interna al fine della dimostrazione della necessaria autonomia finanziaria e funzionale;

e) le garanzie di indipendenza, imparzialità e riservatezza nello svolgimento del servizio di mediazione, nonché la conformità del regolamento alla legge e al presente decreto, anche per quanto attiene al rapporto giuridico con i mediatori;

f) il numero dei mediatori, non inferiore a cinque, che hanno dichiarato la disponibilità a svolgere le funzioni di mediazione per il richiedente;

g) la sede dell'organismo.

3. Il responsabile verifica altresì:

a) i requisiti di qualificazione dei mediatori, i quali devono possedere un titolo di studio non inferiore al diploma di laurea universitaria triennale ovvero, in alternativa, devono essere iscritti a un ordine o collegio professionale;

b) il possesso, da parte dei mediatori, di una specifica formazione e di uno specifico aggiornamento almeno biennale, acquisiti presso gli enti di formazione in base all'articolo 18, nonché la partecipazione, da parte dei mediatori, nel biennio di aggiornamento e in forma di tirocinio assistito, ad almeno venti casi di mediazione svolti presso organismi iscritti; (1)

c) il possesso, da parte dei mediatori, dei seguenti requisiti di onorabilità: a. non avere riportato condanne definitive per delitti non colposi o a pena detentiva non sospesa; b. non essere incorso nell'interdizione perpetua o temporanea dai pubblici uffici; c. non essere stato sottoposto a misure di prevenzione o di sicurezza; d. non avere riportato sanzioni disciplinari diverse dall'avvertimento;

d) la documentazione idonea a comprovare le conoscenze linguistiche necessarie, per i mediatori che intendono iscriversi negli elenchi di cui all'articolo 3, comma 3, parte i), sezione B e parte ii), sezione B.

4. Gli organismi costituiti, anche in forma associata, dalle CCIAA e dai consigli degli ordini professionali sono iscritti su semplice domanda, all'esito della verifica della sussistenza del solo requisito di cui al comma 2, lettera b), per l'organismo e dei requisiti di cui al comma 3, per i mediatori. Per gli organismi costituiti da consigli degli ordini professionali diversi dai consigli degli ordini degli avvocati, l'iscrizione è sempre subordinata alla verifica del rilascio dell'autorizzazione da parte del responsabile, ai sensi dell'articolo 19 del decreto legislativo.
Nei casi di cui al primo e al secondo periodo del presente comma, è fatto salvo quanto previsto dall'articolo 10.

5. Il possesso dei requisiti di cui ai commi 2 e 3, eccetto che per quello di cui al comma 2, lettera b), può essere attestato dall'interessato mediante autocertificazione. Il possesso del requisito di cui al comma 2, lettera b), è attestato mediante la produzione di copia della polizza assicurativa.

(1) Lettera così sostituita dal D.M. Giustizia 6 luglio 2011, n. 145.

Art. 5
Procedimento di iscrizione

1. Il responsabile approva il modello della domanda di iscrizione e fissa le modalità di svolgimento delle verifiche, con l'indicazione degli atti, dei documenti e dei dati di cui la domanda deve essere corredata; delle determinazioni relative è data adeguata pubblicità, anche attraverso il sito internet del Ministero. Alla domanda è, in ogni caso, allegato il regolamento di procedura, con la scheda di valutazione di cui all'articolo 7, comma 5, lettera b), e la tabella delle indennità redatta secondo i criteri stabiliti nell'articolo 16; per gli enti privati l'iscrizione nel registro comporta l'approvazione delle tariffe.

2. La domanda e i relativi allegati, compilati secondo il modello predisposto, sono trasmessi al Ministero, anche in via telematica, con modalità che assicurano la certezza dell'avvenuto ricevimento.

3. Il procedimento di iscrizione deve essere concluso entro quaranta giorni, decorrenti dalla data di ricevimento della domanda.

La richiesta di integrazione della domanda o dei suoi allegati può essere effettuata dal responsabile per una sola volta. Dalla data in cui risulta pervenuta la documentazione integrativa richiesta, decorre un nuovo termine di venti giorni.

4. Quando è scaduto il termine di cui al primo o al terzo periodo del comma 3 senza che il responsabile abbia provveduto, si procede comunque all'iscrizione.

Art. 6
Requisiti per l'esercizio delle funzioni di mediatore

1. Il richiedente è tenuto ad allegare alla domanda di iscrizione l'elenco dei mediatori che si dichiarano disponibili allo svolgimento del servizio.

2. L'elenco dei mediatori è corredato:

a) della dichiarazione di disponibilità, sottoscritta dal mediatore e contenente l'indicazione della sezione del registro alla quale questi chiede di essere iscritto;

b) del curriculum sintetico di ciascun mediatore, con indicazione specifica dei requisiti di cui all'articolo 4, comma 3, lettere a) e b);

c) dell'attestazione di possesso dei requisiti di cui all'articolo 4, comma 3, lettera c);

d) di documentazione idonea a comprovare le conoscenze linguistiche necessarie all'iscrizione nell'elenco dei mediatori esperti nella materia internazionale.

3. Nessuno può dichiararsi disponibile a svolgere le funzioni di mediatore per più di cinque organismi.

4. Le violazioni degli obblighi inerenti le dichiarazioni previste dal presente articolo, commesse da pubblici dipendenti o da professionisti iscritti ad albi o collegi professionali, costituiscono illecito disciplinare sanzionabile ai sensi delle rispettive normative deontologiche. Il responsabile è tenuto a informarne gli organi competenti.

Art. 7
Regolamento di procedura

1. Il regolamento contiene l'indicazione del luogo dove si svolge il procedimento, che è derogabile con il consenso di tutte le parti, del mediatore e del responsabile dell'organismo.

2. L'organismo può prevedere nel regolamento:

a) che il mediatore deve in ogni caso convocare personalmente le parti;

b) che, in caso di formulazione della proposta ai sensi dell'articolo 11 del decreto legislativo, la stessa può provenire da un mediatore diverso da quello che ha condotto sino ad allora la mediazione e sulla base delle sole informazioni che le parti intendono offrire al mediatore proponente, e che la proposta medesima può essere formulata dal mediatore anche in caso di mancata partecipazione di una o più parti al procedimento di mediazione;

c) la possibilità di avvalersi delle strutture, del personale e dei mediatori di altri organismi con i quali abbia raggiunto a tal fine un accordo, anche per singoli affari di mediazione, nonché di utilizzare i risultati delle negoziazioni paritetiche basate su protocolli di intesa tra le associazioni riconosciute ai sensi dell'articolo 137 del Codice del Consumo e le imprese, o loro associazioni, e aventi per oggetto la medesima controversia;

d) la formazione di separati elenchi dei mediatori suddivisi per specializzazioni in materie giuridiche;

e) che la mediazione svolta dall'organismo medesimo è limitata a specifiche materie, chiaramente individuate.

3. Il regolamento stabilisce le cause di incompatibilità allo svolgimento dell'incarico da parte del mediatore e

disciplina le conseguenze sui procedimenti in corso della sospensione o della cancellazione dell'organismo dal registro ai sensi dell'articolo 10.

4. Il regolamento non può prevedere che l'accesso alla mediazione si svolge esclusivamente attraverso modalità telematiche.

5. Il regolamento deve, in ogni caso, prevedere:
a) che il procedimento di mediazione può avere inizio solo dopo la sottoscrizione da parte del mediatore designato della dichiarazione di imparzialità di cui all'articolo 14, comma 2, lettera a), del decreto legislativo;
b) che, al termine del procedimento di mediazione, a ogni parte del procedimento viene consegnata idonea scheda per la valutazione del servizio; il modello della scheda deve essere allegato al regolamento, e copia della stessa, con la sottoscrizione della parte e l'indicazione delle sue generalità, deve essere trasmessa per via telematica al responsabile, con modalità che assicurano la certezza dell'avvenuto ricevimento;
c) la possibilità di comune indicazione del mediatore ad opera delle parti, ai fini della sua eventuale designazione da parte dell'organismo.

d) che, nei casi di cui all'articolo 5, comma 1, del decreto legislativo, il mediatore svolge l'incontro con la parte istante anche in mancanza di adesione della parte chiamata in mediazione, e la segreteria dell'organismo può rilasciare attestato di conclusione del procedimento solo all'esito del verbale di mancata partecipazione della medesima parte chiamata e mancato accordo, formato dal mediatore ai sensi dell'articolo 11, comma 4, del decreto legislativo;»; (1)

e) criteri inderogabili per l'assegnazione degli affari di mediazione predeterminati e rispettosi della specifica competenza professionale del mediatore designato, desunta anche dalla tipologia di laurea universitaria posseduta. (1)

6. Fermo quanto previsto dall'articolo 9, comma 2, del decreto legislativo, il regolamento garantisce il diritto di accesso delle parti agli atti del procedimento di mediazione, che il responsabile dell'organismo è tenuto a custodire in apposito fascicolo debitamente registrato e numerato nell'ambito del registro degli affari di mediazione. Il diritto di accesso ha per oggetto gli atti depositati dalle parti nelle sessioni comuni ovvero, per ciascuna parte, gli atti depositati nella propria sessione separata.

7. Non sono consentite comunicazioni riservate delle parti al solo mediatore, eccetto quelle effettuate in occasione delle sessioni separate. 8. I dati raccolti sono trattati nel rispetto delle disposizioni del decreto legislativo 30 giugno 2003, n. 196, recante «Codice in materia di protezione dei dati personali».

(1) Lettera aggiunta dal D.M. Giustizia 6 luglio 2011, n. 145.

Art. 8
Obblighi degli iscritti

1. L'organismo iscritto è obbligato a comunicare immediatamente al responsabile tutte le vicende modificative dei requisiti, dei dati e degli elenchi comunicati ai fini dell'iscrizione, compreso l'adempimento dell'obbligo di aggiornamento formativo dei mediatori.

2. Il responsabile dell'organismo è tenuto a rilasciare alle parti che gliene fanno richiesta il verbale di accordo di cui all'articolo 11, comma 3, del decreto legislativo, anche ai fini dell'istanza di omologazione del verbale medesimo.

3. Il responsabile dell'organismo trasmette altresì la proposta del mediatore di cui all'articolo 11 del decreto

legislativo, su richiesta del giudice che provvede ai sensi dell'articolo 13 dello stesso decreto legislativo.

4. L'organismo iscritto è obbligato a consentire, gratuitamente e disciplinandolo nel proprio regolamento, il tirocinio assistito di cui all'articolo 4, comma 3, lettera b). (1)

(1) Comma aggiunto dal D.M. Giustizia 6 luglio 2011, n. 145.

Art. 9
Effetti dell'iscrizione

1. Il provvedimento di iscrizione è comunicato al richiedente con il numero d'ordine attribuito nel registro.

2. A seguito dell'iscrizione, l'organismo e il mediatore designato non possono, se non per giustificato motivo, rifiutarsi di svolgere la mediazione.

3. Dalla data della comunicazione di cui al comma 1, l'organismo è tenuto, negli atti, nella corrispondenza, nonché nelle forme di pubblicità consentite, a fare menzione del numero d'ordine.

4. A far data dal secondo anno di iscrizione, entro il 31 marzo di ogni anno successivo, ogni organismo trasmette al responsabile il rendiconto della gestione su modelli

predisposti dal Ministero e disponibili sul relativo sito internet.

Art. 10
Sospensione e cancellazione dal registro

1. Se, dopo l'iscrizione, sopravvengono o risultano nuovi fatti che l'avrebbero impedita, ovvero in caso di violazione degli obblighi di comunicazione di cui agli articoli 8 e 20 o di reiterata violazione degli obblighi del mediatore, il responsabile dispone la sospensione e, nei casi più gravi, la cancellazione dal registro.

2. Fermo quanto previsto dal comma 1, il responsabile dispone altresì la cancellazione degli organismi che hanno svolto meno di dieci procedimenti di mediazione in un biennio.

3. La cancellazione di cui ai commi 1 e 2 impedisce all'organismo di ottenere una nuova iscrizione, prima che sia decorso un anno.

4. Spetta al responsabile, per le finalità di cui ai commi 1 e 2, l'esercizio del potere di controllo, anche mediante acquisizione di atti e notizie, che viene esercitato nei modi e nei tempi stabiliti da circolari o atti amministrativi

equipollenti, di cui viene curato il preventivo recapito, anche soltanto in via telematica, ai singoli organismi interessati.

Art. 11

Monitoraggio

1. Il Ministero procede annualmente, anche attraverso i responsabili degli organismi e congiuntamente con il Ministero dello sviluppo economico per i procedimenti di mediazione inerenti gli affari in materia di rapporti di consumo, al monitoraggio statistico dei procedimenti di mediazione svolti presso gli organismi medesimi.

I dati statistici vengono separatamente riferiti alla mediazione obbligatoria, volontaria e demandata dal giudice. Per ciascuna di tali categorie sono indicati i casi di successo della mediazione e i casi di esonero dal pagamento dell'indennità ai sensi dell'articolo 17, comma 5, del decreto legislativo.

2. Il Ministero procede altresì alla raccolta, presso gli uffici giudiziari, dei dati relativi all'applicazione, nel processo, dell'articolo 13, comma 1, del decreto legislativo.

3. I dati raccolti ai sensi dei commi 1 e 2 sono utilizzati anche ai fini della determinazione delle indennità spettanti agli organismi pubblici.

Capo III

Servizio di mediazione e prestazione del mediatore

Art. 12

Registro degli affari di mediazione

1. Ciascun organismo è tenuto a istituire un registro, anche informatico, degli affari di mediazione, con le annotazioni relative al numero d'ordine progressivo, i dati identificativi delle parti, l'oggetto della mediazione, il mediatore designato, la durata del procedimento e il relativo esito.

2. A norma dell'articolo 2961, primo comma, del codice civile, è fatto obbligo all'organismo di conservare copia degli atti dei procedimenti trattati per almeno un triennio dalla data della loro conclusione.

Art. 13

Obblighi di comunicazione al responsabile

1. Il giudice che nega l'omologazione, provvedendo ai sensi dell'articolo 12 del decreto legislativo, trasmette al responsabile e all'organismo copia del provvedimento di diniego.

Art. 14

Natura della prestazione

1. Il mediatore designato esegue personalmente la sua prestazione.

Art. 15
Divieti inerenti al servizio di mediazione

1. Salvo quanto previsto dall'articolo 4, comma 2, lettera b), l'organismo non può assumere diritti e obblighi connessi con gli affari trattati dai mediatori che operano presso di sé, anche in virtù di accordi conclusi ai sensi dell'articolo 7, comma 2, lettera c).

Capo IV
Indennità
Art. 16
Criteri di determinazione dell'indennità

1. L'indennità comprende le spese di avvio del procedimento e le spese di mediazione.

2. Per le spese di avvio, a valere sull'indennità complessiva, è dovuto da ciascuna parte un importo di euro 40,00 che è versato dall'istante al momento del deposito della domanda di mediazione e dalla parte chiamata alla mediazione al momento della sua adesione al procedimento.

3. Per le spese di mediazione è dovuto da ciascuna parte l'importo indicato nella tabella A allegata al presente decreto.

4. L'importo massimo delle spese di mediazione per ciascun scaglione di riferimento, come determinato a norma della medesima tabella A:

a) può essere aumentato in misura non superiore a un quinto tenuto conto della particolare importanza, complessità o difficoltà dell'affare;

b) deve essere aumentato in misura non superiore a un quarto (1) in caso di successo della mediazione;

c) deve essere aumentato di un quinto nel caso di formulazione della proposta ai sensi dell'articolo 11 del decreto legislativo;

d) nelle materie di cui all'articolo 5, comma 1, del decreto legislativo, deve essere ridotto di un terzo per i primi sei scaglioni, e della metà per i restanti, salva la riduzione prevista dalla lettera e) del presente comma, e non si applica alcun altro aumento tra quelli previsti dal presente articolo a eccezione di quello previsto dalla lettera b) del presente comma; (2)

e) deve essere ridotto a euro quaranta per il primo scaglione e ad euro cinquanta per tutti gli altri scaglioni, ferma restando l'applicazione della lettera c) del presente comma (1) quando nessuna delle controparti di quella che ha introdotto la mediazione, partecipa al procedimento.

5. Si considerano importi minimi quelli dovuti come massimi per il valore della lite ricompreso nello scaglione immediatamente precedente a quello effettivamente applicabile; l'importo minimo relativo al primo scaglione è liberamente determinato.

6. Gli importi dovuti per il singolo scaglione non si sommano in nessun caso tra loro.

7. Il valore della lite è indicato nella domanda di mediazione a norma del codice di procedura civile.

8. Qualora il valore risulti indeterminato, indeterminabile, o vi sia una notevole divergenza tra le parti sulla stima, l'organismo decide il valore di riferimento, sino al limite di euro 250.000, e lo comunica alle parti. In ogni caso, se all'esito del procedimento di mediazione il valore risulta diverso, l'importo dell'indennità è dovuto secondo il corrispondente scaglione di riferimento. (3)

9. Le spese di mediazione sono corrisposte prima dell'inizio del primo incontro di mediazione in misura non inferiore alla metà. Il regolamento di procedura dell'organismo può prevedere che le indennità debbano essere corrisposte per intero prima del rilascio del verbale di accordo di cui all'articolo 11 del decreto legislativo. In ogni caso, nelle ipotesi di cui all'articolo 5, comma 1, del

decreto legislativo, l'organismo e il mediatore non possono rifiutarsi di svolgere la mediazione. (4)

10. Le spese di mediazione comprendono anche l'onorario del mediatore per l'intero procedimento di mediazione, indipendentemente dal numero di incontri svolti. Esse rimangono fisse anche nel caso di mutamento del mediatore nel corso del procedimento ovvero di nomina di un collegio di mediatori, di nomina di uno o più mediatori ausiliari, ovvero di nomina di un diverso mediatore per la formulazione della proposta ai sensi dell'articolo 11 del decreto legislativo.

11. Le spese di mediazione indicate sono dovute in solido da ciascuna parte che ha aderito al procedimento.

12. Ai fini della corresponsione dell'indennità, quando più soggetti rappresentano un unico centro d'interessi si considerano come un'unica parte.

13. Gli organismi diversi da quelli costituiti dagli enti di diritto pubblico interno stabiliscono gli importi di cui al comma 3, ma restano fermi gli importi fissati dal comma 4, lettera d), per le materie di cui all'articolo 5, comma 1, del decreto legislativo.

Resta altresì ferma ogni altra disposizione di cui al presente articolo.

14. Gli importi minimi delle indennità per ciascun scaglione di riferimento, come determinati a norma della tabella A allegata al presente decreto, sono derogabili. (5)

(1) Parole così modificate dal D.M. Giustizia 6 luglio 2011, n. 145.

(2) Lettera così sostituita dal D.M. Giustizia 6 luglio 2011, n. 145.

(3) Comma così sostituito dal D.M. Giustizia 6 luglio 2011, n. 145.

(4) Parole aggiunte dal D.M. Giustizia 6 luglio 2011, n. 145.

(5) Comma aggiunto dal D.M. Giustizia 6 luglio 2011, n. 145.

Capo V
Enti di formazione e formatori
Art. 17
Elenco degli enti di formazione

1. È istituito l'elenco degli enti di formazione abilitati a svolgere l'attività di formazione dei mediatori.

2. L'elenco è tenuto presso il Ministero nell'ambito delle risorse umane, finanziarie e strumentali già esistenti presso il Dipartimento per gli affari di giustizia; ne è responsabile il direttore generale della giustizia civile, ovvero persona

da lui delegata con qualifica dirigenziale o con qualifica di magistrato (1) nell'ambito della direzione generale. Il direttore generale della giustizia civile, al fine di esercitare la vigilanza, si può avvalere dell'Ispettorato generale del Ministero della giustizia. (1)

3. L'elenco è articolato in modo da contenere almeno le seguenti annotazioni:

parte i): enti pubblici;

sezione A: elenco dei formatori;

sezione B: elenco dei responsabili scientifici;

parte ii): enti privati;

sezione A: elenco dei formatori;

sezione B: elenco dei responsabili scientifici;

sezione C: elenco dei soci, associati, amministratori, rappresentanti degli enti.

4. Il responsabile cura il continuo aggiornamento dei dati.

5. La gestione dell'elenco avviene con modalità informatiche che assicurano la possibilità di rapida elaborazione di dati con finalità connessa ai compiti di tenuta di cui al presente decreto.

6. Gli elenchi dei formatori e dei responsabili scientifici sono pubblici; l'accesso alle altre annotazioni è regolato dalle vigenti disposizioni di legge.

(1) Parole aggiunte dal D.M. Giustizia 6 luglio 2011, n. 145.

Art. 18
Criteri per l'iscrizione nell'elenco

1. Nell'elenco sono iscritti, a domanda, gli organismi di formazione costituiti da enti pubblici e privati.

2. Il responsabile verifica l'idoneità dei richiedenti e, in particolare:

a) la capacità finanziaria e organizzativa del richiedente, nonché la compatibilità dell'attività di formazione con l'oggetto sociale o lo scopo associativo; ai fini della dimostrazione della capacità finanziaria, il richiedente deve possedere un capitale non inferiore a quello la cui sottoscrizione è necessaria alla costituzione di una società a responsabilità limitata;

b) i requisiti di onorabilità dei soci, associati, amministratori o rappresentanti dei predetti enti, conformi a quelli fissati dall'articolo 13 del decreto legislativo 24 febbraio 1998, n. 58;

c) la trasparenza amministrativa e contabile dell'ente, ivi compreso il rapporto giuridico ed economico tra l'organismo e l'ente di cui eventualmente costituisca articolazione interna al fine della dimostrazione della necessaria autonomia finanziaria e funzionale;

d) il numero dei formatori, non inferiore a cinque, che svolgono l'attività di formazione presso il richiedente;

e) la sede dell'organismo, con l'indicazione delle strutture amministrative e logistiche per lo svolgimento dell'attività didattica;

f) la previsione e la istituzione di un percorso formativo, di durata complessiva non inferiore a 50 ore, articolato in corsi teorici e pratici, con un massimo di trenta partecipanti per corso, comprensivi di sessioni simulate partecipate dai discenti, e in una prova finale di valutazione della durata minima di quattro ore, articolata distintamente per la parte teorica e pratica; i corsi teorici e pratici devono avere per oggetto le seguenti materie: normativa nazionale, comunitaria e internazionale in materia di mediazione e conciliazione, metodologia delle procedure facilitative e aggiudicative di negoziazione e di mediazione e relative tecniche di gestione del conflitto e di interazione comunicativa, anche con riferimento alla mediazione demandata dal giudice, efficacia e operatività delle clausole contrattuali di mediazione e conciliazione, forma, contenuto ed effetti della domanda di mediazione e dell'accordo di conciliazione, compiti e responsabilità del mediatore;

g) la previsione e l'istituzione di un distinto percorso di aggiornamento formativo, di durata complessiva non inferiore a 18 ore biennali, articolato in corsi teorici e pratici avanzati, comprensivi di sessioni simulate partecipate dai discenti ovvero, in alternativa, di sessioni di mediazione; i corsi di aggiornamento devono avere per oggetto le materie di cui alla lettera f);

h) che l'esistenza, la durata e le caratteristiche dei percorsi di formazione e di aggiornamento formativo di cui alle lettere f) e g) siano rese note, anche mediante la loro pubblicazione sul sito internet dell'ente di formazione;

i) l'individuazione, da parte del richiedente, di un responsabile scientifico di chiara fama ed esperienza in materia di mediazione, conciliazione o risoluzione alternativa delle controversie, che attesti la completezza e l'adeguatezza del percorso formativo e di aggiornamento.

3. Il responsabile verifica altresì:

a) i requisiti di qualificazione dei formatori, i quali devono provare l'idoneità alla formazione, attestando: per i docenti dei corsi teorici, di aver pubblicato almeno tre contributi scientifici in materia di mediazione, conciliazione o risoluzione alternativa delle controversie; per i docenti dei corsi pratici, di aver operato, in qualità di mediatore, presso organismi di mediazione o conciliazione in almeno tre procedure; per tutti i docenti, di avere svolto attività di docenza in corsi o seminari in materia di mediazione, conciliazione o risoluzione alternativa delle controversie presso ordini professionali, enti pubblici o loro organi, università pubbliche o private riconosciute, nazionali o straniere, nonché di impegnarsi a partecipare in qualità di discente presso i medesimi enti ad almeno 16 ore di aggiornamento nel corso di un biennio;

b) il possesso, da parte dei formatori, dei requisiti di onorabilità previsti dall'articolo 4, comma 3, lettera c).

Art. 19
Procedimento d'iscrizione e vigilanza

1. Al procedimento di iscrizione nell'elenco, alla tenuta dello stesso, alla sospensione e alla cancellazione degli iscritti si applicano gli articoli 5, 6, 8, 9, 10 e 12, in quanto compatibili.

Capo VI
Disciplina transitoria ed entrata in vigore
Art. 20
Disciplina transitoria

1. Si considerano iscritti di diritto al registro gli organismi già iscritti nel registro previsto dal decreto del Ministro della giustizia 23 luglio 2004, n. 222. Salvo quanto previsto dal comma 2, il responsabile, dopo aver provveduto all'iscrizione di cui al periodo precedente, (1) verifica il possesso in capo a tali organismi dei requisiti previsti dall'articolo 4 e comunica agli stessi le eventuali integrazioni o modifiche necessarie. Se l'organismo ottempera alle richieste del responsabile entro trenta giorni dal ricevimento della comunicazione, l'iscrizione si intende confermata; in difetto di tale ottemperanza, l'iscrizione si intende decaduta.

2. I mediatori abilitati a prestare la loro opera presso gli organismi di cui al comma 1 devono acquisire, entro dodici mesi (2) dalla data di entrata in vigore del presente decreto, i requisiti anche formativi in esso previsti per l'esercizio della mediazione o, in alternativa, attestare di aver svolto almeno venti procedure di mediazione, conciliazione o negoziazione volontaria e paritetica, in qualsiasi materia, di cui almeno cinque concluse con successo anche parziale. Gli stessi mediatori, fino alla scadenza dei dodici mesi (2) di cui al periodo precedente, possono continuare a esercitare l'attività di mediazione.

Dell'avvenuta acquisizione dei requisiti gli organismi di cui al comma 1 danno immediata comunicazione al responsabile.

3. Si considerano iscritti di diritto all'elenco gli enti abilitati a tenere i corsi di formazione, già accreditati presso il Ministero ai sensi del decreto del Ministro della giustizia 23 luglio 2004, n. 222. Salvo quanto previsto dal comma 4, il responsabile, dopo aver provveduto all'iscrizione di cui al periodo precedente, (1) verifica il possesso in capo a tali enti dei requisiti previsti dall'articolo 18 e comunica agli stessi le eventuali integrazioni o modifiche necessarie. Se l'ente ottempera alle richieste del responsabile entro trenta giorni dal ricevimento della comunicazione, l'iscrizione si intende confermata; in difetto di tale ottemperanza, l'iscrizione si intende decaduta.

4. I formatori abilitati a prestare la loro attività presso gli enti di cui al comma 3 devono acquisire, entro dodici mesi (2) dalla data di entrata in vigore del presente decreto, i requisiti di aggiornamento indicati nell'articolo 18. Gli stessi formatori, fino alla scadenza dei dodici mesi (2) di cui al periodo precedente, possono continuare a esercitare l'attività di formazione. Dell'avvenuto aggiornamento gli

enti di cui al comma 3 danno immediata comunicazione al responsabile.

(1) Parole aggiunte dal D.M. Giustizia 6 luglio 2011, n. 145.

(2) Parole così modificate dal D.M. Giustizia 6 luglio 2011, n. 145.

Capo VI
Disciplina transitoria ed entrata in vigore
Art. 21
Entrata in vigore

1. Il presente decreto entra in vigore il giorno successivo a quello della sua pubblicazione nella Gazzetta Ufficiale della Repubblica italiana. Il presente decreto, munito del sigillo dello Stato, sarà inserito nella Raccolta ufficiale degli atti normativi della Repubblica italiana. È fatto obbligo a chiunque spetti di osservarlo e di farlo osservare.

Roma, 18 ottobre 2010

Il Ministro della giustizia: Alfano
Il Ministro dello sviluppo economico: Romani
Visto, il Guardasigilli: Alfano

Registrato alla Corte dei conti il 28 ottobre 2010
Ministeri istituzionali - registro n. 17, foglio n. 279

Tabella A (articolo 16, comma 4)
Valore della lite Spesa (per ciascuna parte)

Fino a Euro 1.000 Euro 65
da Euro 1.001 a Euro 5.000 Euro 130
da Euro 5.001 a Euro 10.000 Euro 240
da Euro 10.001 a Euro 25.000 Euro 360
da Euro 25.001 a Euro 50.000 Euro 600
da Euro 50.001 a Euro 250.000 Euro 1.000
da Euro 250.001 a Euro 500.000 Euro 2.000
da Euro 500.001 a Euro 2.500.000 Euro 3.800
da Euro 2.500.001 a Euro 5.000.000 Euro 5.200
Oltre Euro 5.000.000 Euro 9.200

***

Appunti sul D.M. 18 ottobre 2010, n.180 (aggiornato al D.M. 145/2011)

Ricapitolando a grandi linee.

Il Registro degli Organismo - Il D.M. 28/2010 ha istituito un doppio registro: quello degli enti (pubblici o privati) che gestiscono le mediazioni e quello degli enti (sempre: o pubblici o privati). In entrambi ai registri sono rimasti iscritti di diritto tutti gli enti che nel corso degli anni erano già stati accreditati dallo stesso Dicastero per la conciliazione societaria di cui al D.Lgs. 5/2003 e per la formazione dei conciliatori professionisti. Unica condizione posta: mettersi in regola, integrando la propria posizione con i dettami previsti entro un certo lasso di tempo. Anche i conciliatori professionisti, già formati con un corso di formazione di almeno 40 ore secondo i parametri di cui al D. M. 222/2004 e d. Dirigenziale del 27 luglio 2006, hanno avuto modo di gestire le mediazioni civili e commerciali sin da subito, a patto però che entro sei mesi dall'entrata in vigore del Decreto abbiano integrato integrino la loro preparazione per arrivare ad almeno di n. 50 ore totali.

Al fine di poter essere iscritti come Organismi di mediazione nell'apposito Registro presso il Ministero della Giustizia, i richiedenti devono dimostrare di possedere:

1) Capacità finanziaria ed organizzativa, nonché la compatibilità dell'attività di mediazione con l'oggetto

sociale e lo scopo associativo. Per la dimostrazione della capacità finanziaria la norma prevede che l'ente privato debba possedere un capitale non inferiore a quello la cui sottoscrizione è necessaria alla costituzione di una s.r.l.; mentre ai fini della dimostrazione della capacità di tipo organizzativo l'ente deve dimostrare di poter svolgere l'attività di mediazione in almeno due regioni italiane o in almeno due provincie della stessa regione (il che è comprensibile, altrimenti ad esempio un Organismo con Sede in Valle D'Aosta, dove è presente una sola provincia, non potrebbe aprire i battenti), anche mediante la possibilità di stipulare accordi (anche per un solo affare) con altri organismi, avvalendosi delle strutture, del personale e dei mediatori di questi ultimi.

2) Possesso da parte degli enti (siano essi pubblici o privati) di una polizza assicurativa di importo non inferiore a 500.000,00 euro per la responsabilità che possa derivare a qualunque titolo dallo svolgimento dell'attività di mediazione.

3) I requisiti di onorabilità dei soci, associati, amministratori o rappresentanti, in conformità con quelli fissati dal Testo unico delle disposizioni in materia di intermediazione finanziaria (D. Lgs. 24 febbraio 1998, n. 58, art. 13).

4) La trasparenza amministrativa e contabile dell'organismo, compreso il rapporto giuridico ed economico tra l'organismo e l'ente di cui eventualmente

costituisca articolazione interna al fine della dimostrazione della necessaria autonomia finanziaria e funzionale.

5) Garanzie di indipendenza, imparzialità, riservatezza nello svolgimento dell'attività di mediazione ed anche la conformità del regolamento di mediazione dell'ente alla legge e, oltretutto, al decreto Ministeriale in esame, anche per quanto attiene al rapporto giuridico con i mediatori.

6) Un numero di mediatori non inferiore a 5 unità,che abbiano dichiarato di essere disposti a svolgere mediazioni per l'ente. La norma, inoltre, stabilisce che nessun mediatore potrà dichiararsi disponibile a svolgere le mediazioni per più di 5 organismi accreditati.

7) Una sede adeguata per le mediazioni. Gli organismi di mediazione costituiti da consigli degli ordini professionali come anche quello di giornalisti, potranno iscriversi solo dopo che il responsabile della tenuta del registro presso il Ministero della Giustizia abbia verificato il rilascio di idonea autorizzazione. Ai fini della normativa in esame i mediatori dovranno possedere un titolo di studio non inferiore al diploma di laurea universitario triennale oppure essere iscritti ad un ordine o collegio professionale. Con questa disposizione di apertura l'ordinamento italiano si avvicina alle previsioni contenute in molteplici disposizioni di legge straniere, in cui l'attività di mediazione è gestita da mediatori provenienti dalle più svariate professionalità. Il legislatore ha aperto l'attività di mediatore ad un numero di professionisti che non

dovranno più necessariamente essere laureati in materie giuridiche o economiche, ma potranno provenire dalle più variegate esperienze di studi universitari o essere professionisti non laureati ma iscritti a collegi o albi (si pensi ai giornalisti, ad esempio). Naturalmente, oltre al requisito di cui sopra, i mediatori dovranno avere frequentato (con esito positivo) un corso di formazione della durata minima di n. 50 ore, articolato in lezioni teoriche e pratiche, comprensivo di simulazioni di mediazione e prova finale di valutazione di almeno 4 ore. I mediatori dovranno aggiornarsi almeno ogni due anni mediante la frequenza di un corso di aggiornamento (anche se la tendenza è quella di frazionare le ore di formazione in mini corsi specifici su argomenti vari quali ad esempio assicurazioni, responsabilità medica, liti condominiali) di durata complessiva non inferiore a 18 ore di lezione teorico-pratica. I mediatori professionisti iscritti ad albi o collegi professionali ove violino gli obblighi inerenti le dichiarazioni contenute nella normativa in esame (e più precisamente quelle di cui all'art. 6) incorrono in illecito disciplinare sanzionabile ai sensi delle rispettive normative deontologiche.

Regolamento - Grande attenzione viene data al regolamento di mediazione che ogni ente deve redigere e depositare presso il Ministero della Giustizia. Il regolamento di ogni singolo ente deve contenere una serie di indicazioni obbligatorie e ne può contenere altre facoltative.

Quanto alle *indicazioni obbligatorie* il regolamento deve indicare:

1) i luoghi dove si svolgono le mediazioni,

2) le cause di incompatibilità allo svolgimento dell'incarico di mediatore oltre a disciplinare le conseguenze sui procedimenti in corso della sospensione e della cancellazione dell'organismo dal registro.

3) che il procedimento di mediazione non può avere inizio se non successivamente alla sottoscrizione del mediatore designato della dichiarazione di imparzialità (art. 14, co. 2, lettera a) D. Lgs. 28/2010).

4) che alla fine di ogni mediazione a tutte le parti viene consegnata una scheda di valutazione del servizio di mediazione, il cui modello è allegato al regolamento stesso dell'organismo. È previsto che al termine di ogni mediazione la scheda di valutazione debitamente sottoscritta e compilata da ciascuna delle parti debba essere trasmessa dall'organismo al responsabile preso il Ministero della Giustizia, con modalità telematiche che assicurino la certezza dell'avvenuto ricevimento, e quindi: posta elettronica certificata, fax.

5) La possibilità che il mediatore (che in base all'art. 13 eseguirà personalmente la sua prestazione) sia individuato di comune accordo dalla parti, ai fini della sua eventuale designazione da parte dell'organismo.

6) Il regolamento, inoltre, deve garantire il diritto di accesso delle parti agli atti del procedimento di mediazione (ovviamente agli atti comuni o, per ciascuna parte, agli atti depositati nella propria sessione separata), che il responsabile dell'organismo è tenuto a custodire in apposito fascicolo debitamente registrato e numerato nell'ambito del "*registro degli affari di mediazione*". Tale ultimo registro, realizzato anche in formato elettronico, deve indicare le annotazioni relative al numero d'ordine progressivo assegnato ai singoli procedimenti di mediazione, i dati che identificano le parti, l'oggetto della mediazione, il mediatore designato, la durata del procedimento ed il relativo esito. Gli atti concernenti le mediazioni trattate dovranno essere conservati dall'organismo per almeno un triennio decorrente dalla data della loro conclusione.

Quanto alle *indicazioni facoltative* ogni organismo, per il tramite del proprio regolamento di mediazione, può prevedere una serie di elementi eventuali (non obbligatori per legge, ma consentiti dalla stessa normativa) che caratterizzeranno l'attività di quell'organismo, distinguendolo (oltre che per le tariffe) dagli altri Organismi:

1) che il mediatore deve in ogni caso convocare personalmente le parti.

2) che in caso di formulazione della proposta del mediatore (o perché sia stata richiesta di comune

accordo dalle parti o perché il mediatore, prima di terminare con la mediazione di un verbale negativo, voglia poter emettere una sua proposta) la stessa proposta possa provenire da un mediatore diverso da quello che ha condotto sino ad allora la mediazione e sulla base delle sole informazioni che le parti intendono comunicare al mediatore che deve emettere la proposta stessa. È inoltre possibile che il regolamento dell'ente preveda che la proposta possa essere effettuata dal mediatore anche in assenza di una o più parti (una sorta di *"proposta in contumacia"*).

3) che l'organismo possa avvalersi di strutture, personale e mediatori di altri organismi con i quali abbia raggiunto a tal fine un accordo (anche per singoli affari di mediazione). È anche prevista la possibilità che il regolamento possa prevedere l'utilizzazione dei risultati delle negoziazioni paritetiche, basate su protocolli di intesa tra le associazioni di consumatori riconosciute dall'art. 137 del Codice del consumo e le imprese, o loro associazioni, e aventi per oggetto la stessa controversia.

4) la formazione di separati elenchi di mediatori accreditati, elenchi suddivisi per specializzazioni in materie giuridiche.

5) che ogni organismo accreditato, al fine di mantenere il proprio accredito presso il Ministero della Giustizia e poter operare, dovrà aver svolto almeno 10 mediazioni in un biennio.

Indennità - Le indennità previste per il servizio di mediazione sono di due tipi:

a) le spese di avvio di ogni singola procedura, a valere sull'indennità complessiva: è dovuto un importo di euro 40,00, che è versato dall'istante al momento del deposito della domanda di mediazione e dalla parte chiamata al momento della sua adesione al procedimento.

b) le spese fisse: per gli enti di diritto pubblico interno è stata prevista una tabella fissa ed inderogabile (tabella A, allegata al decreto), mentre per gli altri enti è possibile derogare a tale tabella stabilendo un differente regime tariffario. In tutti i casi, tuttavia, per le materie per cui dal marzo 2011 è previsto l'obbligo di tentativo di mediazione come condizione di procedibilità (quelle di cui all'art. 5, co. 1, D. lgs. 28/2010), resta comunque sempre prevista la riduzione di un terzo delle tariffe (sia degli enti pubblici che di quelli privati).

La suddetta tabella A è la seguente:

Valore della lite - Spesa (per ciascuna parte)

- ❖ fino a Euro 1.000: Euro 65;
- ❖ da Euro 1.001 a Euro 5.000: Euro 130;
- ❖ da Euro 5.001 a Euro 10.000: Euro 240;
- ❖ da Euro 10.001 a Euro 25.000: Euro 360;
- ❖ da Euro 25.001 a Euro 50.000: Euro 600;
- ❖ da Euro 50.001 a Euro 250.000: Euro 1.000;
- ❖ da Euro 250.001 a Euro 500.000: Euro 2.000;
- ❖ da Euro 500.001 a Euro 2.500.000: Euro 3.800;
- ❖ da Euro 2.500.001 a Euro 5.000.000: Euro 5.200;
- ❖ oltre Euro 5.000.000: Euro 9.200.

L'importo massimo delle spese di mediazione per ciascun scaglione di riferimento di cui alla predetta tabella:

1) **può** essere aumentato in misura non superiore ad 1/5, tenuto conto della particolare importanza, complessità o difficoltà dell'affare;

2) **deve** essere aumentato in misura non superiore ad 1/5 in caso di successo della mediazione;

3) **deve** essere aumentato di 1/5 nel caso di formulazione della proposta ai sensi dell'art. 11 del D. Lgs. 28/2010;

4) **deve** essere ridotto di 1/3 nelle materie per cui è previsto l'obbligo di tentativo di mediazione come condizione di procedibilità dell'azione giudiziaria (di cui all'art. 5, co. 1, D. Lgs. 28/2010);

5) **deve** essere ridotto di 1/3 quando nessuna delle controparti di quella che ha introdotto la mediazione, partecipa al procedimento.

Ai fini del pagamento della tariffa di mediazione, le parti dovranno indicare il valore della lite. Qualora il valore risulti *indeterminato, indeterminabile* o sia presente una notevole divergenza tra le parti sulla stima del valore esatto, sarà l'organismo di mediazione adito a decidere il valore di riferimento su cui si dovrà attestare il pagamento della tariffa ad opera delle parti. Le *spese di mediazione*, in ogni caso, sono dovute in solido dalle parti, sono corrisposte prima dell'inizio del primo incontro di mediazione per un importo almeno della metà e comprendono anche l'onorario del mediatore o dei mediatori per tutto il procedimento (a prescindere dalle sessioni o dal numero di mediatori impiegato).

Organismi di Formazione - Al fine di poter essere iscritti come organismi di formazione in mediazione nel Registro tenuto dal Ministero della Giustizia, i richiedenti devono dimostrare di possedere:

1) idonea capacità finanziaria ed organizzativa, nonché compatibilità dell'attività di formazione con l'oggetto sociale o lo scopo associativo. Per la dimostrazione della capacità finanziaria la norma prevede che l'ente privato deve possedere un capitale non inferiore a

quello la cui sottoscrizione è necessaria alla costituzione di una s.r.l.

2) I requisiti di onorabilità dei soci, associati, amministratori o rappresentanti, in conformità con quelli fissati dal Testo unico delle disposizioni in materia di intermediazione finanziaria (D. Lgs. 24 febbraio 1998, n. 58, art. 13).

3) Trasparenza amministrativa e contabile dell'ente, compreso il rapporto giuridico ed economico tra organismo ed ente di cui eventualmente costituisca articolazione interna al fine della dimostrazione della necessaria autonomia finanziaria e funzionale.

4) Il numero dei formatori che non può essere inferiore a 5 unità.

5) Idonea sede dell'organismo con l'indicazione delle strutture amministrative e logistiche per lo svolgimento dei corsi di formazione.

6) La previsione e l'istituzione di un corso di formazione per mediatori professionisti della durata complessiva non inferiore a 50 ore, tra formazione teorica e pratica, con un massimo di trenta partecipanti ad edizione di corso, comprensivo di almeno quattro ore di valutazione finale.

7) La previsione e l'istituzione di un distinto percorso di aggiornamento per i mediatori professionisti che

hanno l'obbligo di aggiornamento su base biennale e dovranno, quindi, frequentare corsi di aggiornamento di almeno 18 ore.

8) L'individuazione di un responsabile scientifico di chiara fama ed esperienza di mediazione, conciliazione o risoluzione alternativa delle controversie che attesti che tutti i percorsi formativi dell'organismo siano completi ed adeguati.

Requisiti per essere Formatori - Per quanto concerne i requisiti che devono sussistere in capo ai formatori dei mediatori professionisti, sono previste quattro tipologie di attestazione necessarie:

a) i formatori dei corsi di formazione **teorici**, per poter insegnare, devono aver pubblicato almeno tre contributi scientifici in materia di mediazione, conciliazione o Adr;

b) i formatori dei corsi di formazione **pratici** per poter insegnare, devono attestare di aver operato in qualità di mediatore in almeno tre procedure con esito positivo presso organismi di mediazione e (siano essi pubblici o privati);

c) tutti i formatori (*sia dei corsi teorici che dei corsi pratici*), inoltre, devono aver svolto attività di docenza in corsi o seminari in materia di mediazione, conciliazione o Adr presso ordini professionali, enti pubblici o loro organi, università pubbliche o private riconosciute, nazionali o straniere, nonché di impegnarsi a partecipare in qualità di discenti, presso i medesimi enti ad almeno 16 ore di aggiornamento nel corso di un biennio;

d) tutti i formatori (*sia dei corsi teorici che dei corsi pratici*), infine, devono possedere i requisiti di onorabilità previsti per i mediatori dall'art. 4, co. 3, lett. C) del D.M. 28/2010.

***

Decreto del Ministero della Giustizia
6 luglio 2011, n. 145

Come detto poche pagine fa, il Decreto Ministeriale 18 ottobre 2010 n. 180, che ha regolamentato i criteri e le modalità di iscrizione e tenuta del registro degli organismi di mediazione e dell'elenco dei formatori per la mediazione, nonché la tabella delle indennità spettanti ai mediatori per l'opera prestata. Il D.M. 180/2011 venne integrato e "ritoccato" dal D.M. del 6 luglio 2011, n. 145. Ecco il testo del D.M. 145/2011 che subito dopo analizzeremo.

DECRETO MINISTERIALE 6 LUGLIO 2011, N. 145
Regolamento recante modifica al decreto del Ministro della giustizia 18 ottobre 2010, n. 180, sulla determinazione dei criteri e delle modalità di iscrizione e tenuta del registro degli organismi di mediazione e dell'elenco dei formatori per la mediazione, nonché sull'approvazione delle indennità spettanti agli organismi, ai sensi dell'articolo 16 del decreto legislativo n. 28 del 2010

Il Ministro della Giustizia di concerto con il Ministro dello Sviluppo Economico
Visto l'articolo 17, comma 3, della legge 23 agosto 1988, n. 400;
Visto l'articolo 16 del decreto legislativo 4 marzo 2010, n.

28, recante attuazione dell'articolo 60 della legge 18 giugno 2009, n. 69, in materia di mediazione finalizzata alla conciliazione delle controversie civili e commerciali; Udito il parere n. 2228/2011 del Consiglio di Stato, espresso dalla Sezione consultiva per gli atti normativi nell'adunanza del 9 giugno 2011; Vista la comunicazione alla Presidenza del Consiglio dei Ministri in data 21 giugno 2011, e la successiva comunicazione della Presidenza del Consiglio dei Ministri in data 28 giugno 2011;

Adotta il seguente regolamento:

Art. 1
Modifiche agli articoli 3 e 17 del decreto del Ministro della giustizia 18 ottobre 2010, n. 180

1. All'articolo 3, comma 2, del decreto del Ministro della giustizia 18 ottobre 2010, n. 180, sono apportate le seguenti modificazioni:

a) nel primo periodo, dopo le parole: *«ovvero persona da lui delegata con qualifica dirigenziale»*, e prima delle parole *«nell'ambito della direzione generale»*, sono aggiunte le seguenti: *«o con qualifica di magistrato»*;

b) dopo il primo periodo è aggiunto il seguente: *«Il direttore generale della giustizia civile, al fine di esercitare la vigilanza, si può avvalere dell'Ispettorato generale del Ministero della giustizia.»*.

2. All'articolo 17, comma 2, del decreto del Ministro della giustizia 18 ottobre 2010, n. 180, sono apportate le seguenti modificazioni:

a) nel primo periodo, dopo le parole: «*ovvero persona da lui delegata con qualifica dirigenziale*», e prima delle parole «*nell'ambito della direzione generale*», sono aggiunte le seguenti: «*o con qualifica di magistrato*»;

b) dopo il primo periodo, e' aggiunto il seguente periodo: «*Il direttore generale della giustizia civile, al fine di esercitare la vigilanza, si può avvalere dell'Ispettorato generale del Ministero della giustizia.*».

Art. 2
Modifiche all'articolo 4 del decreto del Ministro della giustizia 18 ottobre 2010, n. 180

1. All'articolo 4, comma 3, del decreto del Ministro della giustizia 18 ottobre 2010, n. 180, sono apportate le seguenti modificazioni:

a) la lettera b) è sostituita dalla seguente: «*b) il possesso, da parte dei mediatori, di una specifica formazione e di uno specifico aggiornamento almeno biennale, acquisiti presso gli enti di formazione in base all'articolo 18, nonché la partecipazione, da parte dei mediatori, nel biennio di aggiornamento e in forma di tirocinio assistito, ad almeno venti casi di mediazione svolti presso organismi iscritti;*».

Art. 3
Modifiche all'articolo 7 del decreto del Ministro della giustizia 18 ottobre 2010, n. 180

1. All'articolo 7, comma 5, del decreto del Ministro della giustizia 18 ottobre 2010, n. 180, dopo la lettera c) sono aggiunte le seguenti:

a) «*d) che, nei casi di cui all'articolo 5, comma 1, del decreto legislativo, il mediatore svolge l'incontro con la parte istante anche in mancanza di adesione della parte chiamata in mediazione, e la segreteria dell'organismo può rilasciare attestato di conclusione del procedimento solo all'esito del verbale di mancata partecipazione della medesima parte chiamata e mancato accordo, formato dal mediatore ai sensi dell'articolo 11, comma 4, del decreto legislativo;*»;

b) «*e) criteri inderogabili per l'assegnazione degli affari di mediazione predeterminati e rispettosi della specifica competenza professionale del mediatore designato, desunta anche dalla tipologia di laurea universitaria posseduta.*».

Art. 4
Modifiche all'articolo 8 del decreto del Ministro della giustizia 18 ottobre 2010, n. 180

1. All'articolo 8 del decreto del Ministro della giustizia 18 ottobre 2010, e' aggiunto, in fine, il seguente comma: «*4. L'organismo iscritto è obbligato a consentire, gratuitamente e disciplinandolo nel proprio regolamento,*

il tirocinio assistito di cui all'articolo 4, comma 3, lettera b)».

Art. 5
Modifiche all'articolo 16 del decreto del Ministro della giustizia 18 ottobre 2010, n. 180

1. All'articolo 16 del decreto del Ministro della giustizia 18 ottobre 2010, n. 180, sono apportate le seguenti modificazioni:

a) al comma 4, lettera b), le parole *«un quinto»* sono sostituite dalle seguenti: *«un quarto»*;

b) al comma 4, la lettera d) è sostituita dalla seguente: *«nelle materie di cui all'articolo 5, comma 1, del decreto legislativo, deve essere ridotto di un terzo per i primi sei scaglioni, e della metà per i restanti, salva la riduzione prevista dalla lettera e) del presente comma, e non si applica alcun altro aumento tra quelli previsti dal presente articolo a eccezione di quello previsto dalla lettera b) del presente comma»*;

c) al comma 4, lettera e), le parole «deve essere ridotto di un terzo» sono sostituite dalle seguenti: *«deve essere ridotto a euro quaranta per il primo scaglione e ad euro cinquanta per tutti gli altri scaglioni, ferma restando l'applicazione della lettera c) del presente comma»*;

d) il comma 8 è sostituito dal seguente: *«Qualora il valore risulti indeterminato, indeterminabile, o vi sia una notevole divergenza tra le parti sulla stima, l'organismo decide il valore di riferimento, sino al limite di euro 250.000, e lo comunica alle parti. In ogni caso, se all'esito del procedimento di mediazione il valore risulta diverso, l'importo dell'indennità è dovuto secondo il corrispondente scaglione di riferimento.»*;

e) al comma 9, è aggiunto in fine il seguente periodo: «*Il regolamento di procedura dell'organismo può prevedere che le indennità debbano essere corrisposte per intero prima del rilascio del verbale di accordo di cui all'articolo 11 del decreto legislativo. In ogni caso, nelle ipotesi di cui all'articolo 5, comma 1, del decreto legislativo, l'organismo e il mediatore non possono rifiutarsi di svolgere la mediazione.»*;

f) dopo il comma 13 è aggiunto il seguente: «*14. Gli importi minimi delle indennità per ciascun scaglione di riferimento, come determinati a norma della tabella A allegata al presente decreto, sono derogabili.»*.

Art. 6
Modifiche all'articolo 20 del decreto del Ministro della giustizia 18 ottobre 2010, n. 180

1. All'articolo 20 del decreto del Ministro della giustizia 18 ottobre 2010, n. 180, sono apportate le seguenti modificazioni:

a) al comma 1, dopo le parole «*il responsabile*» e prima delle parole «*verifica il possesso*», sono inserite le seguenti: «*, dopo aver provveduto all'iscrizione di cui al periodo precedente,*»;

b) al comma 2, le parole «*sei mesi*», ovunque presenti, sono sostituite con le seguenti: «*dodici mesi*»;

c) al comma 3, dopo le parole «*il responsabile*» e prima delle parole «*verifica il possesso*», sono inserite le seguenti: «, *dopo aver provveduto all'iscrizione di cui al periodo precedente,*»;

d) al comma 4, le parole «sei mesi», ovunque presenti, sono sostituite con le seguenti: «*dodici mesi*».

Art. 7
Entrata in vigore

1. Il presente decreto entra in vigore il giorno successivo a quello della sua pubblicazione nella Gazzetta Ufficiale della Repubblica italiana.

***

Le peculiarità del Decreto del Ministero della Giustizia 6 luglio 2011, n. 145

Il Decreto di cui sopra venne pubblicato sul n. 197 della Gazzetta Ufficiale del 25 agosto 2011, e come già detto è correttivo del D.M. 180/2010 in materia di mediazione. La sua emanazione si è ritenuto indispensabile dopo il parere favorevole del Consiglio di Stato del 9 giugno 2011, n. 2228 e l'intento è stato quello di risolvere alcune criticità che erano state riscontrate. Le modifiche più importanti introdotte dal D.M. 145/2011 attengono essenzialmente alla previsione di un tirocinio assistito per i mediatori e alla revisione delle indennità in caso di mediazione obbligatoria e mancata partecipazione. Nessuna indicazione emerge, invece, in ordine alla presenza obbligatoria di un avvocato nel procedimento di mediazione.

Per quanto attiene ai requisiti di qualificazione dei mediatori, con la modifica dell'art. 4, co. 3, lett. B), del D.M. 180/2010, si è prevista, oltre al possesso di una specifica formazione e di uno specifico aggiornamento almeno biennale presso gli enti di formazione, anche la partecipazione, nel biennio di aggiornamento e in forma di tirocinio assistito, ad almeno venti casi di mediazione svolti presso gli organismi iscritti (art. 2 D.M. 145/2011). A tal fine viene previsto, mediante l'inserimento del nuovo comma 4 all'art. 8 dello stesso decreto 180/2011, che l'organismo di mediazione è <u>obbligato</u> a consentire, gratuitamente e disciplinandolo nel proprio regolamento, il tirocinio assistito (art. 4 D.M. 145/2011).

Altre modifiche sono state apportate al regolamento di procedura:

A) lo svolgimento, da parte del mediatore, nei casi di mediazione obbligatoria (art. 5, co. 1, D.Lgs. 28/2010), dell'incontro con la parte istante anche in mancanza di adesione della parte chiamata in mediazione. La segreteria dell'organismo può rilasciare l'attestato di conclusione del procedimento solo all'esito del verbale di mancata partecipazione della stessa parte chiamata e del mancato accordo;

B) i criteri inderogabili per l'assegnazione degli affari di mediazione predeterminati e rispettosi della specifica competenza professionale del mediatore designato. L'art. 6 del decreto ministeriale ultimo provvede poi a prorogare i termini per l'adeguamento dei mediatori e formatori di diritto ai requisiti della nuova normativa. Nell'atto viene infatti esteso a 12 mesi dalla data di entrata in vigore del D.M. 180/2010 il periodo di tempo che consente ai mediatori abilitati presso gli organismi già iscritti nel registro della conciliazione societaria di cui al D.M. 222/2004, di acquisire i requisiti anche formativi previsti per l'esercizio della mediazione o, in alternativa, di attestare di aver svolto almeno 20 procedure di mediazione, conciliazione o negoziazione volontaria e paritetica, in qualsiasi materia, di cui almeno cinque concluse con successo anche parziale. Sono stati poi fissati, infine, nuovi criteri di determinazione delle indennità spettanti agli organismi, ai sensi dell'art. 16 del D.Lgs. 28/2010, per cui l'importo massimo delle spese di mediazione per ciascun scaglione di riferimento, come determinato a norma della tabella A allegata al decreto viene così aggiornato:

A) nelle materie di cui all'arti. 5, co. 1, del D.Lgs. 180/2010 (controversie in materia di condominio, diritti reali, divisione, successioni ereditarie, patti di famiglia, locazione, comodato, affitto di aziende, risarcimento del danno derivante dalla circolazione di veicoli e natanti, da responsabilità medica e da diffamazione con il mezzo della stampa o con altro mezzo di pubblicità, contratti assicurativi, bancari e finanziari), deve essere ridotto di un terzo per i primi sei scaglioni e della metà per i restanti;
B) quando nessuna delle controparti di quella che ha introdotto la mediazione partecipa al procedimento deve essere ridotto a 40 euro per il primo scaglione e a 50 euro per tutti gli altri scaglioni. Qualora il valore risulti indeterminato, indeterminabile, o vi sia una notevole divergenza tra le parti sulla stima, l'organismo decide il valore di riferimento, sino al limite di euro 250.000 e lo comunica alle parti; in ogni caso, se all'esito del procedimento di mediazione il valore risulta diverso,

l'importo dell'indennità è dovuto secondo il corrispondente scaglione di riferimento. Il regolamento di procedura dell'organismo può prevedere che le indennità debbano essere corrisposte per intero prima del rilascio del verbale di accordo.

***

CIRCOLARI CHE FANNO CHIAREZZA

Per ultimo vale la pena soffermarsi su un paio di circolari emanate dal Dipartimento per gli Affari di Giustizia del Mistero di Giustizia – sottoscritte entrambi dalla Dottoressa Maria Teresa Saragnano, Direttore Generale del Dipartimento - che mettono i classici puntini sulle "i" per diradare dubbi circa alcune questioni. Mi soffermerò alla circolare del 4 aprile 2011 inerente il *"Regolamento di procedura e requisiti dei mediatori"* e su quella del 20 dicembre 2011 concernente *"Interpretazione misure correttive decreto interministeriale 145/2011"*.

Circolare 4 aprile 2011

Con la Circolare 4 aprile 2011 inerente il *"Regolamento di procedura e requisiti dei mediatori"* si è ritenuto indispensabile per fare chiarezza su due punti sui quali evidentemente c'era un po' di confusione.

Punto 1) Un Organismo di Mediazione non può prevedere nel proprio Regolamento che *"ove l'incontro fissato del responsabile dell'organismo non abbia avuto luogo perché la parte invitata non abbia tempestivamente espresso la propria adesione ovvero abbia comunicato espressamente di non volere aderire e l'istante abbia dichiarato di non volere comunque dare corso alla mediazione, la segreteria dell'organismo possa rilasciare, in data successiva a quella inizialmente fissata, una dichiarazione di conclusione del procedimento per mancata adesione della parte invitata"*. Questo perché solo la circolare precisa che è il Mediatore incaricato il solo che *"può constatare la* *mancata comparizione della parte invitata e redigere il verbale negativo del tentativo di conciliazione"* e tra l'altro rimarca come sia *"rilevante considerare che, nel corso del procedimento di mediazione, il mediatore potrebbe ragionare con l'unica parte presente sul ridimensionamento o sulla variazione della sua pretesa da comunicare all'altra parte come proposta dello stesso soggetto in lite e non del mediatore".*

Punto 2) Altro argomento trattato dalla Circolare del 4 aprile 2011 riguarda i *requisiti dei mediatori.* Requisiti a svolgere la Professione di Mediatore che possono essere attestati dall'interessato mediante autocertificazione. *"In questo contesto, preme evidenziare l'esigenza di una piena e chiara consapevolezza del dichiarante* – si legge nel documento – *circa l'effettivo contenuto di quanto il medesimo autodichiara, tenuto conto delle conseguenze penali che potrebbero prodursi in caso di non corrispondenza al vero di quanto dichiarato".*

Circolare 20 Dicembre 2011

La Circolare 20 dicembre 2011 inerente il *"Interpretazione misure correttive decreto interministeriale 145/2011"* ci si sofferma su altri argomenti che risultavano un po' "nebulosi".
Ecco i punti approfonditi

❖ **L'attività di vigilanza** su quella di mediazione e di formazione erogata dagli <u>organismi di mediazione</u> e dagli enti di formazione al fine di verificare l'osservanza delle previsione di legge e il raggiungimento di standard minimi di qualità. Viene ricordato come l'art.1, comma 2 lett.b) ha specificato che essa può essere altresì compiuta avvalendosi dell'Ispettorato generale del Ministero della Giustizia. E si aggiunge che: "*Sarà comunque cura della direzione generale rendere noto a tutti gli organismi iscritti su quali profili si appunterà particolarmente l'attenzione per la verifica della rispondenza del servizio offerto dai vari organismi di mediazione con i livelli minimi di qualità esigibili*". Sintesi dei principi espressi nella circolare: l'amministrazione esercita il potere di vigilanza e di controllo, sia in fase preventiva (verificando la correttezza della domanda di iscrizione e la sussistenza dei requisiti richiesti) che successiva (verificando il continuo rispetto degli organismi di mediazione e dei mediatori agli obblighi cui sono tenuti secondo le previsioni normative primarie, secondarie nonché le direttive di questa amministrazione).

❖ **Il tirocinio assistito**: è questo un altro argomento "caldo" che ha suscitato un vivace dibattito negli "addetti del settore" essendo una novità. In pratica si è introdotta una formazione continua che comprende anche l'assistere tacitamente agli incontri di mediazione, in toto o in parte. Ogni Mediatore nell'arco di un biennio deve assistere ad almeno venti mediazioni in veste di tirocinante. Il tirocinante è tenuto al rispetto dei principi di riservatezza e segretezza in merito agli affari di mediazione cui assiste; la sua presenza è di mera assistenza allo svolgimento della mediazione; ciascuna fase del procedimento di mediazione vale come momento utile per il conteggio dei 20 casi di mediazione da compiere nel biennio di aggiornamento; il tirocinio assistito deve essere rinnovato ogni biennio; per i mediatori già iscritti, il biennio ha inizio dalla data di entrata in vigore del D.M. 145/2011 cioè dal 26 agosto 2011 mentre per i mediatori iscritti successivamente, l'obbligo di aggiornamento decorrerà dalla data d'iscrizione di ognuno all'elenco dell'organismo di mediazione di appartenenza.

❖ **I criteri di assegnazione degli affari di mediazione:** l'art.4 del d.i. 145/2011 prevede che l'organismo iscritto deve precisare, nel regolamento di procedura, i criteri inderogabili per l'assegnazione degli affari di mediazione predeterminati e rispettosi della specifica competenza professionale del mediatore designato, desunta anche dalla tipologia di laurea universitaria posseduta o di appartenenza ad un determinato Ordine Professionale. Si precisa poi che "*emerge come uno dei criteri fondamentali per la ripartizione degli affari di mediazione debba essere quello, non solo della idoneità tecnica in materia di mediazione, ma anche della specifica competenza professionale che debba, quanto più possibile, corrispondere alla natura della controversia insorta tra le parti*". E si aggiunge che "*nei diversi regolamenti di procedura sarebbe* *opportuno che venisse espressamente indicato, proprio al fine di chiarire come avverrà l'assegnazione degli incarichi tenendo conto della competenza professionale, quale ripartizione interna di competenza professionale è stata compiuta tra i mediatori inseriti nel proprio elenco.*

Va ancora detto che il raggruppamento dei mediatori per competenza non dovrebbe essere limitato alle materie giuridiche, ma a tutte le diverse materie di competenza possibili (tecniche, umanistiche, mediche, e così via.). Al di là di questo primo, fondamentale criterio, devono intervenire altri criteri che tengono conto del grado di difficoltà della controversia, della esperienza del mediatore, della disponibilità del medesimo, e così via. Fondamentale è, pertanto, il riferimento alla particolare natura della causa".

❖ **La chiusura del procedimento di mediazione**: viene precisato che nei casi in cui la mediazione è obbligatoria, a differenza di quanto avviene nella mediazione facoltativa, demandata dal giudice o per contratto, l'istante deve necessariamente presentarsi dinanzi al mediatore, anche se l'altra parte ha dichiarato di non partecipare alla mediazione, e viene ribadito che solo il mediatore, non la segreteria, deve verbalizzare la mancata presenza della parte chiamata.

❖ **Le modifiche in materia di indennità.** Questi in sintesi i principi espressi nella Circolare del 20 dicembre 2011:

- le spese di avvio del procedimento e le spese di mediazione costituiscono due voci di spesa autonome che, unitamente considerate, formano l'indennità complessiva;
- al verificarsi dei diversi momenti che connotano l'espletamento del servizio di mediazione, entrambe devono essere corrisposte;
- oltre all'importo di Euro 40,00 dovuto per l'avvio del procedimento, dovranno essere corrisposte, in aggiunta, anche le ulteriori spese di mediazione secondo i criteri indicati nell'art.16, commi 3 e ssgg. del d.m. 180/2010, come modificati dall'art.5 del d.m. 145/2011;
- oltre alla suddetta indennità complessiva dovranno essere corrisposte, altresì, le spese vive, purché documentate dall'organismo di mediazione;
- in caso di sussistenza delle condizioni per l'ammissione al patrocinio a spese dello Stato, ai sensi dell'art.76 del t.u. di cui al decreto del Presidente della Repubblica 30 maggio 2002 n.115, tutti gli organismi, sia essi pubblici o privati, sono tenuti a svolgere il servizio di mediazione, senza potere pretendere alcun compenso né nei confronti della parte né nei confronti dell'erario o, in generale, dell'amministrazione.

***

Si riportano di seguito integralmente sia la Circolare del 4 aprile 2011 sial la Circolare del 20 dicembre 2011.

***

Circolare 4 aprile 2011 - Regolamento di procedura e requisiti dei mediatori.

Ministero della Giustizia
Dipartimento per gli affari di giustizia
IL DIRETTORE GENERALE DELLA GIUSTIZIA
CIVILE

visto l'art. 16 del decreto legislativo 4 marzo 2010 n. 28;visto il decreto interministeriale del Ministro della Giustizia di concerto con il Ministro dello Sviluppo Economico 18 ottobre 2010 n. 180, pubblicato sulla G.U. 4 novembre 2010 n. 258, con efficacia dal 5 novembre 2010, con il quale è stato adottato il *"Regolamento recante la determinazione dei criteri e delle modalità di iscrizione e tenuta del registro degli organismi di mediazione e dell'elenco dei formatori per la mediazione nonché l'approvazione delle indennità spettanti agli organismi, ai sensi dell'art. 16 del Decreto legislativo 4 marzo 2010 n. 28"*;

visto l'art.3 del suddetto decreto interministeriale che prevede che il registro degli organismi abilitati a svolgere la mediazione è tenuto presso il Ministero della Giustizia e ne è responsabile il direttore generale della giustizia civile;

visto l'art.5 del medesimo decreto interministeriale, secondo cui il responsabile del registro approva i modelli di domanda di iscrizione e fissa le modalità di svolgimento delle verifiche, con la indicazione degli atti, dei documenti e dei dati di cui la domanda deve essere corredata;

visto l'art.10 del medesimo decreto interministeriale, secondo cui spetta al responsabile del registro, per le finalità di cui ai commi 1 e 2, l'esercizio del potere di controllo, anche mediante l'acquisizione di atti e notizie, che viene esercitato nei modi e tempi stabiliti da circolari o atti amministrativi equipollenti; adotta la seguente

CIRCOLARE

In sede di concreta attuazione dell'attività di tenuta del registro degli organismi di mediazione, si ritiene necessario dare specifica indicazione su alcuni profili problematici inerenti la corretta applicazione delle previsioni contenute nel d.lgs.28/2010 nonché nel decreto interministeriale 180/2010.

In materia di regolamento di procedura:
la conclusione del procedimento di mediazione

Preme evidenziare che si ritiene non corretto l'inserimento, nel regolamento di procedura di un organismo di mediazione, di una previsione secondo la quale, ove l'incontro fissato del responsabile dell'organismo non abbia avuto luogo perché la parte invitata non abbia tempestivamente espresso la propria adesione ovvero abbia comunicato espressamente di non volere aderire e l'istante abbia dichiarato di non volere comunque dare corso alla mediazione, la segreteria dell'organismo possa rilasciare, in data successiva a quella inizialmente fissata, una dichiarazione di conclusione del procedimento per mancata adesione della parte invitata.

Una siffatta previsione non può, infatti, essere considerata conforme alla disciplina normativa in esame nei casi di operatività della condizione di procedibilità di cui all'art.5 del d.lgs.28/2010.L'inserimento di tale previsione nel regolamento di procedura di un organismo di mediazione non può che essere ritenuta in contrasto con la norma primaria (art.5 del d.lgs 28/2010) che esige che, per determinate materie, deve essere preliminarmente esperito il procedimento di mediazione: il che postula che si compaia effettivamente dinanzi al mediatore designato, il quale solo può constatare la mancata comparizione della parte invitata e redigere il verbale negativo del tentativo di conciliazione.

La mediazione obbligatoria è tale proprio in quanto deve essere esperita anche in caso di mancata adesione della parte invitata e non può, quindi, dirsi correttamente percorsa ove l'istante si sia rivolto ad un organismo di mediazione ed abbia rinunciato, a seguito della ricezione della comunicazione di mancata adesione della parte invitata, alla mediazione.

Ove, invece, si ritenesse legittima tale previsione regolamentare, si produrrebbe l'effetto, non consentito, di un aggiramento della previsione che ha imposto l'operatività della condizione di procedibilità per talune materie.

In realtà, in tale caso, deve ritenersi che il rilascio da parte della segreteria di un organismo della dichiarazione di conclusione del procedimento non può assurgere ad atto valido ed efficace ai fini dell'assolvimento dell'onere di esperire previamente il tentativo di conciliazione; ciò, in quanto la mancata comparizione anche del solo istante, dinanzi al mediatore, impedisce di ritenere correttamente iniziato e proseguito il procedimento di mediazione.

A dare ulteriore conforto a tale impostazione è la circostanza che ai sensi dell'art.11 del d.lgs.28/2010 e dell'art.7 del d.m. 180/2010, il mediatore può formulare la proposta anche in caso di mancata partecipazione di una o più parti al procedimento di mediazione; in ogni caso, è il mediatore che deve verificare se effettivamente la controparte non si presenti, essendo tale comportamento valutabile dal giudice nell'effettivo successivo giudizio, ai sensi dell'art.8, comma quinto, del d.lgs. 28/2010.

E', inoltre, rilevante considerare che, nel corso del procedimento di mediazione, il mediatore potrebbe ragionare con l'unica parte presente sul ridimensionamento o sulla variazione della sua pretesa da comunicare all'altra parte come proposta dello stesso soggetto in lite e non del mediatore.

In conclusione: la previsione, per talune materie, di una condizione di procedibilità comporta che la mediazione debba essere effettivamente esperita dinanzi al mediatore, sia pure con le modalità sopra indicate, con la conseguenza che, per ritenersi esperita la condizione di procedibilità, l'unico soggetto legittimato secondo legge a redigere il verbale di esito negativo della mediazione è il mediatore e non la segreteria dell'organismo di mediazione.

Ai fini, quindi, della corretta applicazioni delle previsioni normative di riferimento, questa direzione, nell'esercizio dei propri poteri di vigilanza, invita gli organismi di mediazione ad adeguarsi alla presente circolare nei sensi di cui sopra, limitando alla sola fattispecie della mediazione volontaria l'applicazione di una eventuale previsione del regolamento di procedura che abbia contenuto analogo a quello preso in esame.

In materia di requisiti dei mediatori

Ai sensi dell'art.4, comma quinto, del D.M. 180/2010, il possesso dei requisiti di cui ai commi 2 e 3, eccetto che per quello di cui al comma 2, lettera b), può essere attestato dall'interessato mediante autocertificazione.

Sicché, ai nostri fini, anche i requisiti di qualificazione dei mediatori di cui all'art.4, comma terzo, lett.a),b), c), del d.m. 180/2010, possono essere attestati mediante autocertificazione.

In questo contesto, preme evidenziare l'esigenza di una piena e chiara consapevolezza del dichiarante circa l'effettivo contenuto di quanto il medesimo autodichiara, tenuto conto delle conseguenze penali che potrebbero prodursi in caso di non corrispondenza al vero di quanto dichiarato.

Per tale ragione, con specifico riferimento a tale profilo, la modulistica predisposta ed approvata da questa direzione generale ha avuto come specifico obiettivo quello di responsabilizzare al massimo chi intende ottenere l'inserimento quale mediatore negli elenchi di un organismo di mediazione.

Si è, a tal proposito, predisposta una appendice terza, in cui il mediatore dovrà indicare, oltre che i propri dati personali, anche la sussistenza dei requisiti idonei per l'inserimento negli elenchi di un organismo di mediazione; si è, in particolare, previsto che sia espressamente indicato il titolo di studi posseduto, ovvero l'ordine od il collegio professionale presso il quale è iscritto; e si è, inoltre, richiesto di specificare di avere frequentato un corso di formazione presso un ente abilitato ai sensi dell'art.18 del d.m. 180/2010, nonché la durata del corso e la valutazione finale.

Inoltre, si sono predisposti gli allegati 1) 2) e 3) nei quali il mediatore assume espressamente la responsabilità penale per le eventuali dichiarazioni non veritiere in materia di sussistenza dei requisiti di onorabilità, possesso dei requisiti di qualificazione e di disponibilità per un numero di organismi non superiore a cinque.

In particolare, con specifico riferimento alla dichiarazione sul possesso dei requisiti, si è chiesto espressamente di indicare: a) il titolo di studi posseduto; b) l'iscrizione ad un ordine o collegio professionale; c) l'esperienza nella materia dei rapporti di consumo; d) la frequentazione di un corso di formazione presso un ente di formazione abilitato a svolgere l'attività di formazione dei mediatori ai sensi dell'art.18 del decreto ministeriale 18 ottobre 2010 n.180, con l'indicazione della durata e della valutazione finale.

Preme, a questo punto, precisare che il possesso del requisito di cui al punto d) potrà essere dichiarato, tenuto conto della normativa prevista dal d.m. 222/2004 nonché dell'innesto normativo di cui al d.m. 180/2010, solo ove il mediatore abbia:

- frequentato e superato con esito positivo un percorso formativo di durata non inferiore a 50 ore tenuto ed attestato dall'ente di formazione accreditato presso il Ministero della Giustizia, ai sensi degli artt.18 e 19 del decreto ministeriale 18 ottobre 2010 n.180;
- frequentato e superato con esito positivo: a) un percorso formativo di durata non inferiore a 40 ore tenuto ed attestato dall'ente di formazione accreditato presso il Ministero della Giustizia, ai sensi dell'art.10, comma quinto, del decreto ministeriale 23 luglio 2004 n.222, nonché del decreto 24 luglio 2006 del direttore generale della Giustizia civile; b) frequentato e superato con esito positivo un percorso formativo di durata non inferiore a 10 ore tenuto ed attestato dall'ente di formazione accreditato presso il Ministero della Giustizia, ai sensi degli artt.18 e 19 del decreto ministeriale 18 ottobre 2010 n.180;
- ottenuto l'iscrizione, quale "conciliatore di diritto" ai sensi dell'art.4, comma quarto, lett.a) del decreto ministeriale 222/2004, presso l'organismo di mediazione accreditato presso il Ministero della Giustizia, ai sensi dell'art.10, comma quinto, del decreto ministeriale 23 luglio 2004 n.222, nonché del decreto 24 luglio 2006 del direttore generale della Giustizia civile; b) frequentato e superato con esito positivo un percorso formativo di durata non inferiore a 10 ore tenuto ed attestato dall'ente di

formazione accreditato presso il Ministero della Giustizia, ai sensi degli artt.18 e 19 del decreto ministeriale 18 ottobre 2010 n.180;

- ottenuto l'iscrizione, quale "conciliatore di diritto" ai sensi dell'art.4, comma quarto, lett.a) del decreto ministeriale 222/2004, ovvero quale "conciliatore" presso l'organismo di mediazione accreditato presso il Ministero della Giustizia, ai sensi dell'art.10, comma quinto, del decreto ministeriale 23 luglio 2004 n.222, nonché del decreto 24 luglio 2006 del direttore generale della Giustizia civile; b) fatto riserva, ai sensi dell'art.20, comma secondo, del decreto ministeriale 28/2010, di acquisizione dei requisiti anche formativi previsti dal medesimo decreto ovvero avere attestato l'avvenuto svolgimento di almeno venti procedure di mediazione, conciliazione o negoziazione volontaria e paritetica, in qualsiasi materia, di cui almeno cinque concluse con successo anche parziale, entro il termine di scadenza di sei mesi dall'entrata in vigore del decreto ministeriale.

Quest'ultimo caso, per completezza, si verifica in applicazione della previsione di cui all'art.20, comma secondo, del d.m. 180/2010, secondo cui i mediatori già iscritti, possono continuare a esercitare l'attività di mediazione fino alla scadenza dei sei mesi sopra indicato, salvo comunicare, a mezzo dell'organismo cui è iscritto, l'avvenuta acquisizione dei requisiti aggiuntivi.

Si invita, pertanto, a dare la massima osservanza alle prescrizioni di cui sopra, costituendo le stesse linee guida cui questa direzione intende seguire al fine del compiuto esercizio della propria attività di vigilanza preventiva e successiva.

Roma, 4 aprile 2011
Il Direttore Generale **Maria Teresa Saragnano**

***

Circolare 20 dicembre 2011 - Interpretazione misure correttive decreto interministeriale 145/2011

Ministero della Giustizia
Dipartimento per gli affari di giustizia
IL DIRETTORE GENERALE DELLA GIUSTIZIA
CIVILE

visto l'art. 16 del decreto legislativo 4 marzo 2010 n. 28;visto il decreto interministeriale del Ministro della Giustizia di concerto con il Ministro dello Sviluppo Economico 18 ottobre 2010 n. 180, pubblicato sulla G.U. 4 novembre 2010 n. 258";

visto il decreto interministeriale 6 luglio 2011 n.145, recante modifica al decreto del Ministro della giustizia 18 ottobre 2010 n.180;

ritenuta la necessità di dare specifica indicazione su alcuni profili problematici inerenti la corretta interpretazione ed applicazione del d.i. n.180/2010, così come corretto dal sopra citato d.i. n. 145/2011;

adotta la seguente

CIRCOLARE

Come è noto, a quasi un anno dall'entrata in vigore del d.i. n. 180/2010 si è ritenuta la necessità, con il d.i. 145/2011, di adottare misure correttive nella regolamentazione della disciplina in materia di determinazione dei criteri e delle modalità di iscrizione e tenuta del registro degli organismi di mediazione, nonché in materia di indennità per il compimento del servizio di mediazione e conciliazione.

Tenuto conto delle novità introdotte, dei diversi quesiti pervenuti e dei principali profili di incertezza che sono stati posti all'attenzione, si intende procedere ad offrire la linea interpretativa di questa direzione generale con la indicazione dei criteri direttivi da seguire.

Attività di vigilanza:

L'art.1, comma 2 lett.b) ha specificato che l'attività di vigilanza può essere altresì compiuta avvalendosi dell'Ispettorato generale del Ministero della Giustizia.

Il riferimento alla attività di vigilanza è quella già contemplata nelle previsioni generali di cui all'art.16, comma quarto, del d.lgs. 28/2010 nonché nelle previsioni regolamentari di cui agli artt.3,4,5, 10, 17,18, 19 del d.i. 180/2010.

La norma, dunque, ha una duplice valenza: da un lato, conferma la rilevanza della funzione di vigilanza attribuita all'Amministrazione, d'altro lato, conferisce uno strumento ulteriore per agevolare il concreto esercizio dell'attività di controllo.

L'attività di vigilanza, pertanto, verrà esercitata operando non solo, come già avviene, con un'attenta verifica della regolarità delle istanze proposte, ma anche su come viene concretamente esercitata l'attività di mediazione e di formazione da parte degli Organismi di mediazione e degli enti di formazione.

Pertanto, l'attività di controllo verrà compiutamente esercitata non solo verificando ipotesi di inosservanza delle previsioni di legge (primarie e secondarie), ma anche al non raggiungimento di standard minimi di qualità, requisito necessario per potere validamente svolgere un servizio di mediazione nonché di formazione che sia improntato al presupposto della professionalità, efficienza ed idoneità dei medesimi.

Sotto il primo aspetto, il controllo verrà esercitato tenendo in considerazione, ad esempio, le inosservanze agli obblighi di comunicazione imposti all'organismo, ovvero il venire meno dei requisiti richiesti (il capitale minimo, il numero minimo di mediatori, l'aggiornamento biennale degli stessi, ecc.); sotto il secondo aspetto, si farà riferimento alle modalità concrete di gestione del servizio (tempestività di provvedere alle comunicazioni a seguito della presentazione della istanza di mediazione; fissazione della prima sessione entro quindici giorni dal deposito dell'istanza; rispetto dei criteri di assegnazione degli incarichi ecc.).

Sarà comunque cura della direzione generale rendere noto a tutti gli organismi iscritti su quali profili si appunterà particolarmente l'attenzione per la verifica della rispondenza del servizio offerto dai vari organismi di mediazione con i livelli minimi di qualità esigibili.

Sintesi dei principi espressi:

- l'amministrazione esercita il potere di vigilanza e di controllo, sia in fase preventiva (verificando la correttezza della domanda di iscrizione e la sussistenza dei requisiti richiesti) che successiva (verificando il continuo rispetto degli organismi di mediazione e dei mediatori agli obblighi cui sono tenuti secondo le previsioni normative primarie, secondarie nonché le direttive di questa amministrazione).

Il tirocinio assistito:

L'art.2, comma 1, del d.i. 145/2011 ha introdotto una modifica all'art.4, comma 3, del d.i. 180/2011 in tema di formazione dei mediatori.

In particolare, la precedente versione della previsione normativa in esame richiedeva che i mediatori, una volta iscritti, avevano comunque l'obbligo di compiere uno specifico aggiornamento, almeno biennale da acquisire presso enti di formazione accreditati secondo quanto previsto nell'art.18 del medesimo regolamento.

Il suddetto art.18 prevede, per chiarezza, che il percorso di aggiornamento formativo deve avere una durata complessiva non inferiore a 18 ore biennali, articolate in corsi teorici e pratici avanzati, comprensivi di sessioni simulate partecipate dai discenti ovvero, in alternativa, di sessioni di mediazione.

A completamento di tale previsione, l'art.4 del d.i. 145/2011 prevede che l'organismo iscritto è obbligato a consentire, gratuitamente e disciplinandolo nel proprio regolamento, il tirocinio assistito di cui all'art.4, comma 3, lettera b).

Con la previsione normativa introdotta, si inserisce un ulteriore, distinto, obbligo formativo, consistente nella partecipazione dei mediatori, nel biennio di aggiornamento ed in forma di tirocinio assistito, ad almeno venti casi di mediazione svolti presso organismi iscritti.

La previsione normativa ha dato luogo a diverse questioni applicative sulle quali occorre fare chiarezza.

Prima di approfondire le singole questioni è tuttavia opportuno precisare quale sia stata la ragione dell'intervento correttivo in esame in modo da potere individuare il fondamento del medesimo e, sulla base di questo, orientare le scelte interpretative.

A tal proposito, va evidenziato che i mesi successivi all'entrata in vigore del regolamento 180/2010 avevano evidenziato un profilo particolarmente rilevante sul piano della effettiva esperienza pratica del mediatore iscritto presso un organismo di mediazione.

Era, infatti, emersa la necessità che, oltre all'attività di formazione teorica di aggiornamento biennale, il mediatore iscritto curasse di compiere una formazione pratica fondamentalmente basata sulla verifica di come altri mediatori, anche essi iscritti, gestissero i diversi momenti del percorso di mediazione, confrontando la propria esperienza pratica con quella di altri mediatori.

Ed è per tale ragione che si è dunque ritenuto necessario aggiungere, ai fini del perseguimento dell'obiettivo di assicurare nel tempo una sempre maggiore competenza tecnica di ciascun mediatore, nell'ambito del percorso di aggiornamento biennale, anche una attività formativa pratica, imponendo un tirocinio obbligatorio assistito presso altri mediatori.

Questa è la finalità perseguita con la previsione di cui all'art.2 del d.i. 145/2011.

Ciò posto, può procedersi ad esaminare le diverse questioni proposte:

   a. la norma ha valenza per i mediatori da iscrivere ovvero per i mediatori già iscritti?

Il dato testuale della norma (partecipazione nel biennio di aggiornamento) induce a precisare che il suddetto nuovo requisito non possa che riguardare solamente i mediatori già iscritti, essendo impensabile che si sia fatto riferimento ad un biennio di aggiornamento per chi non ha ancora ottenuto l'iscrizione.

Vi sono, poi, due altre ragioni che rafforzano il suddetto convincimento:

1. non si può imporre un obbligo se non nei confronti di chi è tenuto all'osservanza e, in caso di inosservanza, è passibile di sanzione. Sotto tale profilo, la norma non può che dirigersi nei confronti dei mediatori iscritti i quali, in quanto tali, sono tenuti ad osservare tutte le prescrizioni imposte;
2. la possibilità di assistere in forma di tirocinio alle mediazioni implica, altresì, che il soggetto tirocinante sia sottoposto al vincolo della segretezza e della riservatezza; tale vincolo non avrebbe senso nei confronti di soggetti che, in quanto non ancora

iscritti, non sono sottoposti ad alcun potere di controllo e di vigilanza.

b. in cosa consiste la partecipazione in forma di tirocinio assistito?

La previsione normativa in esame si limita a prescrivere che la attività formativa pratica dovrà essere compiuta mediante la partecipazione, in forma di tirocinio assistito, ad almeno venti casi di mediazione.

Il termine "tirocinio" è stato utilizzato allo scopo di fare riferimento ad una attività di addestramento pratico. L'assistenza implica che il suddetto addestramento deve essere compiuto con la presenza di altro mediatore.

Di per sé, tuttavia, le norme non indicano le modalità attraverso cui può svolgersi la suddetta attività formativa pratica. In realtà, una risposta in merito può essere data tenuto conto del termine "partecipare" nonché della natura propria dell'attività di mediazione.

Sotto il primo profilo, la partecipazione può essere intesa in forma restrittiva, cioè limitata alla sola assistenza, ovvero in forma più estensiva, cioè contemplando anche la possibilità che il tirocinante svolga talune attività sotto la vigilanza del mediatore.

Preme evidenziare che, in entrambi i casi, , implica comunque un contatto diretto tra il mediatore in tirocinio e le parti coinvolte nella mediazione.

È preferibile la prima soluzione più restrittiva, che postula che il tirocinante deve limitarsi ad assistere alla mediazione compita dal mediatore vigilante senza compiere ulteriori attività.

Ciò appare in linea con la particolare natura della mediazione, in cui massima deve essere la consapevolezza delle parti che la gestione ed il compimento dell'attività diretta alla soluzione concordata della controversia derivi unicamente dal mediatore.

Le parti, cioè, devono potere individuare unicamente nel mediatore titolare il soggetto gestore di tutte le fasi del percorso di mediazione, ciò allo scopo di instaurare compiutamente il necessario rapporto di fiducia che costituisce una componente essenziale della riuscita di una mediazione.

Ancora, non percorribile appare la soluzione di contemplare la possibilità che il suddetto tirocinio possa svolgersi mediante la partecipazione ad una fase preliminare del procedimento di mediazione, per esempio relativamente alla verifica della rispondenza della domanda di mediazione ai requisiti regolamentari, all'individuazione delle indennità dovute, alla verifica dei poteri di rappresentanza ed agli altri aspetti afferenti, nonché la partecipazione in affiancamento ad altro mediatore.

Si tratta, in verità, di una attività che, seppure rilevante, è prodromica o successiva rispetto al nucleo centrale dell'attività di mediazione per la quali si è ritenuto di imporre l'ulteriore attività formativa: quella del momento del confronto delle altrui esperienze nel diretto contatto con le parti e con quanto emerge nel corso delle diverse sessioni.

In conclusione, dunque, il compimento del tirocinio formativo richiede che il mediatore assista, in modo diretto, allo svolgimento, da parte di altro mediatore iscritto, di taluna delle fasi in cui si svolge il percorso di mediazione in presenza delle parti (dalla prima sessione a quella di redazione del verbale conclusivo a seguito dell'accordo ovvero del mancato accordo).

 c. *in che modo devono essere conteggiati i venti casi di mediazione?*

Si è posta, poi, la questione se, per il raggiungimento dei venti casi di mediazione cui il mediatore iscritto deve partecipare, debba richiedersi la presenza ad un intero percorso di mediazione (che va dalla prima sessione a quella conclusiva di redazione del verbale conclusivo) ovvero si possa più semplicemente partecipare anche a singole fasi del medesimo.

Deve essere preferita l'impostazione secondo cui costituisce partecipazione anche la sola presenza ad una singola fase di cui si compone il percorso di mediazione.

Questa soluzione è più in linea con la reale ratio della previsione normativa in esame che è quella di consentire ai mediatori già iscritti di potere verificare le modalità di gestione della mediazione da parte di altri mediatori, potendo in tal modo arricchire il proprio bagaglio formativo.

Sicché, dovrebbe essere consentito a ciascun mediatore iscritto di potere verificare e sperimentare l'altrui esperienza ora in sede di prima sessione, ora in un momento successivo, ora nel momento in cui il mediatore ritiene di dovere formulare alle parti la proposta di mediazione, senza porre alcuna ulteriore preclusione.

In conclusione, ciascuna fase del percorso di mediazione costituisce momento utile per il conteggio dei venti casi di mediazione da attuare nel biennio.

Deve, qui, essere affrontato e definito un ulteriore profilo che ha costituito motivo di particolare riflessione.

Si è posto, cioè, il problema se la partecipazione assistita, per avere validità, debba essere compiuta solo relativamente a fasi di mediazione per così dire attive (ove, cioè, vi è stata la partecipazione di entrambe le parti e si è effettivamente proceduto ad attuare le diverse sessioni, congiunte o private, finalizzate al raggiungimento dell'accordo), ovvero anche ad ipotesi in cui, effettuata la comunicazione all'altra parte, il mediatore, in presenza dell'invitante, prende atto della mancata comparizione redigendo il verbale negativo, secondo quanto previsto nell'art.7, comma quinto, del d.m. 180/2010, come modificato dall'art.3, lett.a) del d.m. 145/2011.

Deve, a tal proposito, precisarsi che, tenuto conto delle ragioni sopra espresse circa le finalità perseguite con l'introduzione di un obbligo di tirocinio assistito per i mediatori, una vera ed effettiva attività in tal senso, ai fini del pieno arricchimento personale, non può che esigere la necessità di una partecipazione ad una mediazione "attiva".

D'altro lato, questa direzione generale non può non considerare l'attuale momento di prima attuazione della disciplina della mediazione ed in particolare la circostanza che, dalle rilevazioni statistiche ad oggi fornite dalla direzione generale di statistica del Ministero, i procedimenti di mediazione con comparizione dell'aderente sono solo il 30,62% ma che, laddove invece l'aderente compare, il 52,58% delle mediazioni si chiudono con un verbale di conciliazione.

In questa fase, dunque, imporre l'espletamento dell'obbligo di tirocinio assistito solo per le mediazioni "attive" significherebbe limitare enormemente la possibilità di potere adempiere a quanto richiesto, in quanto difficilmente ciascuno mediatore già iscritto potrebbe, nel biennio, espletare la suddetta attività formativa.

D'altro lato, ci si rende altresì conto che ricercare, da parte del mediatore che intende partecipare ad una mediazione in tirocinio, il procedimento di mediazione "attivo" potrebbe comportare, stante il limitato numero di mediazioni in tal senso, il rischio di una disponibilità di tempo cui potrebbe non corrispondere una effettiva utilità ove si dovesse, invero, riscontrare, che il procedimento di mediazione deve chiudersi per mancata partecipazione della parte invitata.

Pertanto, deve ritenersi che, fino a quando la mediazione stragiudiziale non avrà, come invece ci si auspica, particolare seguito sotto il profilo della partecipazione della parte invitata al procedimento di mediazione, la necessità di consentire a tutti i mediatori iscritti di potere adempiere al proprio obbligo formativo introdotto con il decreto correttivo impone di ritenere valida, ai fini del conteggio delle venti partecipazioni nel biennio a titolo di tirocinio assistito, anche la presenza del mediatore in tirocinio alla redazione del verbale negativo redatto dal mediatore titolare, secondo quanto previsto dall'art.7, comma quinto, del d.m. 180/2010, come modificato dall'art.3, lett.a) del d.m. 145/2011.

Solo in un secondo momento, laddove cioè si avrà modo di riscontrare una tendenza al rialzo del numero di procedimenti di mediazione conclusisi con la partecipazione della parte invitata, si procederà ad una modifica del presente orientamento, esigendosi, invero, che l'obbligo del tirocinio assistito debba essere compiuto necessariamente partecipando a fasi "attive" del procedimento di mediazione, cioè a momenti del percorso di mediazione caratterizzati dalla partecipazione della parte invitata.

d. il tirocinio assistito deve essere rinnovato ogni biennio?

La previsione normativa in esame precisa letteralmente che la partecipazione in forma di tirocinio assistito ad almeno venti casi di mediazione deve essere compiuta nel biennio di aggiornamento.

Il che implica, di conseguenza, che l'obbligo di compiere tale ulteriore adempimento formativo deve essere costantemente aggiornato, così come, del resto, il medesimo impegno formativo sussiste per l'aggiornamento biennale da acquisirsi presso gli enti di formazione in base all'art.18, così come già prevedeva (e continua a prevedere) l'art.4, comma terzo, del d.i. 180/2010.

In conclusione, i mediatori iscritti, per ogni biennio successivo alla loro iscrizione, oltre a seguire uno specifico aggiornamento formativo presso gli enti di formazione in base all'art.18, dovranno altresì partecipare, sempre per ogni biennio successivo alla iscrizione, ad almeno venti casi di mediazione in forma di tirocinio assistito.

È appena il caso di precisare che deve compiersi una distinzione fra i mediatori già iscritti al momento dell'entrata in vigore del D.M. 145/2011 (26 agosto 2011) e quelli iscritti successivamente.

Per i mediatori già iscritti, il biennio ha inizio dalla data di entrata in vigore del suddetto decreto correttivo: è evidente, infatti, che solo da tale date può esigersi per essi il rispetto dell'ulteriore obbligo di aggiornamento.

Per i mediatori iscritti in data successiva, l'obbligo di aggiornamento avrà decorrenza dalla data di iscrizione di ciascuno di essi presso l'elenco dell'organismo di mediazione di appartenenza.

e. *quanti tirocinanti possono essere presenti per ciascuna mediazione?*

Non è possibile compiere in modo aprioristico ed astratto una delimitazione del numero di mediatori in tirocinio che possono, di volta in volta, essere presenti per ciascuna mediazione.

La soluzione più ragionevole, in mancanza di specifica indicazione normativa, è quella di lasciare la valutazione al responsabile di ciascun organismo di mediazione che dovrà tenere conto dei profili organizzativi, di appositi spazi a disposizione, del numero delle parti presenti, e cosi via.

Il principio di fondo, che deve costituire criterio essenziale di riferimento, è quello della capacità organizzativa di ciascun organismo quale esplicazione del requisito dell'efficienza richiesto dall'art.16, comma 1, del d.lgs. 28/2010.

L'applicazione di tale principio comporta, anche, la valutazione da parte del responsabile dell'organismo di mediazione del miglior modo di gestione del servizio, in ciò considerando pure, pertanto, la necessità di tutelare l'interesse delle parti in mediazione ad un ambiente sereno e privo di fonti di distrazione; il che si traduce, a seconda delle circostanze, anche nella valutazione di quale debba essere il numero di tirocinanti che possono essere presenti per ciascuna mediazione.

Non corretta, invece, è la soluzione di una registrazione della mediazione per una successiva visualizzazione, in quanto, per come detto, tale attività non è caratterizzata dalla percezione immediata ed in tempo reale ed è esclusa la possibile di immediata interlocuzione con il mediatore.

Sintesi dei principi espressi:

- l'obbligo del tirocinio assistito riguarda solo i mediatori già iscritti;
- la partecipazione al tirocinio assistito comporta solo la presenza del mediatore in tirocinio senza compimento di ulteriore attività che riguardi l'esecuzione di attività proprie del mediatore titolare del procedimento;
- costituisce partecipazione valida anche la sola presenza del mediatore in tirocinio ad una singola fase del procedimento di mediazione;
- costituisce partecipazione valida, allo stato e tenuto conto del limitato numero di mediazioni concluse con la partecipazione della controparte, anche la sola presenza del mediatore in tirocinio alla fase di redazione, da parte del mediatore titolare, del

verbale negativo per mancata partecipazione della controparte;

- il tirocinio assistito deve essere rinnovato ogni 2 anni;
- la determinazione del numero dei mediatori in tirocinio che possono essere presenti di volta in volta è lasciata alla valutazione del responsabile dell'organismo, che terrà conto della natura dell'affare di mediazione e della propria capacità organizzativa e strutturale.

I criteri di assegnazione degli affari di mediazione:

L'art.4 del d.i. 145/2011 prevede che l'organismo iscritto deve precisare, nel regolamento di procedura, i criteri inderogabili per l'assegnazione degli affari di mediazione predeterminati e rispettosi della specifica competenza professionale del mediatore designato, desunta anche dalla tipologia di laurea universitaria posseduta.

La previsione normativa ha di mira una duplice finalità.

Da un lato, contribuisce a rendere ancora più evidente che l'organismo di mediazione deve operare nel rispetto della necessaria indipendenza (già indicata nell'art.60, comma terzo, lett. b) delle legge 69/2009) per ciascun affare di mediazione. Una delle modalità di attuazione è, appunto, l'attribuzione secondo criteri predeterminati degli affari di mediazione.

D'altro lato, emerge come uno dei criteri fondamentali per la ripartizione degli affari di mediazione debba essere quello, non solo della idoneità tecnica in materia di mediazione, ma anche della specifica competenza professionale che debba, quanto più possibile, corrispondere alla natura della controversia insorta tra le parti.

Dunque, nel redigere il regolamento di procedura dell'organismo in ordine al punto in esame occorre che siano tenute presenti le seguenti indicazioni:

a. nel regolamento di procedura dell'organismo devono essere espressamente indicati i criteri per l'assegnazione;

b. i suddetti criteri devono essere inderogabili; il che comporta che siano predeterminati ed oggettivi, nel senso che non può rinviarsi ad un momento successivo la concreta determinazione, ma devono essere indicati ex ante ed in modo oggettivo e quindi valevoli come parametro di riferimento per potere, di volta in volta, procedere alla ripartizione degli incarichi tra i mediatori; gli stessi, inoltre, devono essere certi, per evitare che l'assegnazione sia del tutto arbitraria, priva di effettiva giustificazione;

c. deve darsi rilievo, nel regolamento, alla competenza professionale dei mediatori iscritti.

È soprattutto quest'ultimo punto che merita particolare approfondimento.

Significativo è, a tal proposito, il modo in cui i singoli organismi di mediazione daranno attuazione a tale previsione nel momento in cui dovranno provvedere ad inserire i criteri richiesti nel proprio regolamento che costituirà il parametro di riferimento per la valutazione della corretta assegnazione degli affari fra i singoli mediatori.

A tal proposito, preme fornire le seguenti indicazioni.

- Nei singoli regolamenti non si potrà fare generico rinvio alla previsione di cui all'art.3 del d.i. 145/2011, in quanto occorrerà effettivamente indicare attraverso quali criteri il responsabile dell'organismo provvederà ad assegnare tra i mediatori ora l'uno ora l'altro incarico;

- la ripartizione degli affari di mediazione all'interno di ciascun organismo costituisce per il responsabile un'attività particolarmente delicata e significativa, in quanto deve essere rispettosa dei criteri oggettivi e predeterminati indicati nel regolamento i quali, a loro volta, devono tenere conto della competenza professionale di ciascun mediatore;

- tra i criteri oggettivi e predeterminati assume particolare rilievo la competenza professionale del mediatore, cioè il complesso delle specifiche conoscenze acquisite in relazione al percorso universitario svolto e, soprattutto, all'attività professionale esercitata;

- l'attività professionale, in quanto tale, è un requisito da intendersi in modo distinto dalla capacità tecnica di sostenere il percorso di mediazione, in quanto quest'ultima implica conoscenza specifica degli strumenti che devono essere attuati per condurre e svolgere adeguatamente il percorso di mediazione;

Ciò precisato, è opportuno chiarire che ciascun organismo di mediazione, per poter effettuare correttamente la ripartizione degli affari di mediazione, deve necessariamente procedere, ex ante, ad una distinzione per categorie dei propri mediatori in relazione alle specifiche competenze professionali dei medesimi (dando concreta attuazione alla previsione di cui all'art.7, comma 2 lett. d del d.m. 180/2010.

Pertanto, nei diversi regolamenti di procedura sarebbe opportuno che venisse espressamente indicato, proprio al fine di chiarire come avverrà l'assegnazione degli incarichi tenendo conto della competenza professionale, quale ripartizione interna di competenza professionale è stata compiuta tra i mediatori inseriti nel proprio elenco.

Va ancora detto che il raggruppamento dei mediatori per competenza non dovrebbe essere limitato alle materie giuridiche, ma a tutte le diverse materie di competenza possibili (tecniche, umanistiche, mediche, e così via.).

Al di là di questo primo, fondamentale criterio, devono intervenire altri criteri che tengono conto del grado di difficoltà della controversia, della esperienza del mediatore, della disponibilità del medesimo, e così via.

Fondamentale è, pertanto, il riferimento alla particolare natura della causa.

Sintesi dei principi espressi:

- **nei singoli regolamenti non si potrà fare generico rinvio alla previsione di cui all'art.3 del d.i. 145/2011;**
- **tra i criteri oggettivi e predeterminati assume particolare rilievo la competenza professionale del mediatore, cioè le specifiche conoscenze acquisite in relazione al percorso universitario svolto e, soprattutto, all'attività professionale esercitata;**

La chiusura del procedimento:

L'art.3 del d.i. correttivo prevede che, quando la mediazione è obbligatoria, il mediatore svolge l'incontro con la parte istante anche in mancanza di adesione della parte chiamata alla mediazione; in questo caso, l'attestato di conclusione del procedimento può essere rilasciato dalla segreteria dell'organismo, ma solo all'esito della verifica da parte del mediatore della mancata partecipazione della parte chiamata e del mancato accordo.

La norma, in primo luogo, si applica solo nel caso in cui l'esperimento del tentativo di mediazione è previsto come obbligatorio. Il che vuol dire che, in caso di mediazione volontaria o sollecitata dal giudice o per contratto, il mediatore può chiudere il procedimento di mediazione anche ove la parte istante non si sia presentata.

Nei casi, invece, in cui vi è obbligatorietà del tentativo di conciliazione, è essenziale che l'invitante si presenti davanti al mediatore, non potendo, diversamente, chiedere il rilascio dell'attestazione di conclusione del procedimento di mediazione.

Tale precisazione, in particolare, costituisce conferma di quanto già la direzione generale della giustizia civile aveva avuto modo di precisare con la circolare del 4 aprile 2011 in materia, per l'appunto, di chiusura del procedimento di mediazione.

In sostanza, si è voluto precisare che, nei casi di obbligatorietà del tentativo di mediazione:

a. l'invitante deve necessariamente presentarsi davanti al mediatore, indipendentemente dal fatto che l'altra parte abbia, eventualmente, dichiarato o rappresentato che non sarebbe stata presente;

b. è il mediatore che deve verbalizzare la mancata presenza della parte chiamata, non potendo tale attività essere compiuta dalla segreteria;

c. solo a seguito della redazione del verbale negativo del mediatore, la segreteria potrà rilasciare l'attestato di conclusione del procedimento.

Sintesi dei principi espressi:

- **nei casi in cui vi è obbligatorietà del tentativo di conciliazione, è essenziale che l'invitante si presenti davanti al mediatore, non potendo, diversamente, chiedere il rilascio dell'attestazione di conclusione del procedimento di mediazione. In questo caso, il mediatore dovrà attestare la mancata comparizione della controparte e la segreteria dell'organismo potrà rilasciare l'attestato di conclusione del procedimento di mediazione.**

Le modifiche in materia di indennità:
diverse sono le modifiche apportate in materia di indennità di mediazione.

a. si è, in primo luogo, aumentata la misura dell'indennità in caso di successo della mediazione che da un quinto passa a un quarto dell'entità della indennità (art.5, comma 1, lett. a) del d.m. 145/2011);

b. in secondo luogo, in caso di obbligatorietà del tentativo di mediazione, si è ulteriormente ridotta la misura dell'indennità rispetto al precedente regime: la misura di un terzo rimane per i primi sei scaglioni, mentre per i restanti scaglioni la riduzione è della metà (art.5, comma 1, lett. b) del d.m. 145/2011);

c. in terzo luogo, nei casi di obbligatorietà del tentativo di mediazione, è rimasta salva la riduzione prevista dalla lettera e) del medesimo comma, con esclusione di ulteriori aumenti, ad eccezione di quello previsto dalla lett. b) in caso di successo della mediazione (art.5, comma 1, lett. b) del d.m. 145/2011).

Per chiarire, si osserva che deve essere compiuta una distinzione relativamente alla determinazione dell'indennità a seconda che la mediazione sia obbligatoria o facoltativa, in particolare:

in caso di mediazione obbligatoria

In questo contesto, occorre distinguere a seconda che l'altra parte compaia o meno.
Se l'altra parte compare:

a1) si opera una riduzione dell'importo dell'indennità, che sarà di un terzo per i primi sei scaglioni e della metà per gli altri scaglioni;

a2) l'importo dell'indennità potrà subire un aumento solo in caso di successo della mediazione (dunque, non potrà applicarsi alcun altro aumento previsto, invece, per le altre forme di mediazione, in caso di particolare importanza, complessità o difficoltà dell'affare, formulazione della proposta di mediazione).

Se l'altra parte non compare:

b1) l'indennità che dovrà essere corrisposta sarà unicamente di Euro 40,00, per il primo scaglione, o Euro 50,00, per gli altri scaglioni;

b2) nel caso di formulazione della proposta (ai sensi dell'art.11 del d.lgs. 28/2010) opera l'aumento di un quinto di cui alla lettera c) del comma quarto dell'art.16 del d.m. 180/2010, richiamato dall'art.5, comma 1, lett. c) del d.m. 145/2011.

in caso di mediazione facoltativa

Per la mediazione facoltativa, sollecitata dal giudice ovvero prevista dalle parti, le modifiche rispetto alla disciplina precedente riguardano quindi:

b1) la misura dell'aumento dell'indennità in caso di successo della mediazione;

b2) la riduzione a Euro 40,00 o Euro 50,00 in caso di mancata partecipazione dell'altra parte;

resta invariato, rispetto alla disciplina precedente:

- l'aumento dell'indennità, in misura non superiore ad un quinto, in caso di particolare importanza, complessità o difficoltà dell'affare;
- l'aumento in caso di formulazione della proposta del mediatore;
- l'aumento, in misura non superiore ad un quarto, in caso di successo della mediazione.

A differenza, quindi, della mediazione obbligatoria, in caso di mediazione facoltativa si avrà il cumulo degli aumenti previsti.

Per completezza, poi, resta da definire un ultimo profilo, quello, cioè, della cumulabilità della spese di segreteria con quelle della mediazione.

A tal proposito, va chiarito che ai sensi dell'art.16, comma primo, del d.m. 180/2010 l'indennità comprende le spese di avvio del procedimento e le spese di mediazione.

Il successivo comma secondo prevede che per le spese di avvio è dovuto da ciascuna parte un importo di Euro 40,00 (dall'istante al momento del deposito della domanda di mediazione, dalla parte invitata solo al momento in cui intende aderire al procedimento e, quindi, prendervi parte).

Il comma terzo, poi, prevede che per le spese di mediazione è dovuto da ciascuna parte l'importo indicato nella tabella A allegata al decreto; il comma quarto, infine, stabilisce la misura in aumento od in diminuzione dell'importo massimo delle spese di mediazione.

Per quanto sopra esposto, le due voci di spesa assumono valenza diversa ed autonoma.

Le spese di avvio, stabilite in misura fissa ed unitaria, hanno riguardo, più specificamente, alle spese dell'organismo per potere avviare il procedimento di mediazione: ricezione della istanza, visione da parte della segreteria, fascicolazione e registrazione, comunicazione alla altra parte dell'inizio della procedura e così via.

Si tratta, dunque, delle spese relative all'attività di segreteria prodromica a quella di mediazione vera e propria svolta dal mediatore.

Quest'ultima, dunque, assume valenza diversa, in quanto riguarda le spese di concreto svolgimento dell'attività di mediazione (ricomprende infatti anche l'onorario del mediatore).

Si tratta, quindi, di due voci di spesa autonome che, unitamente considerate, formano l'indennità complessiva; la previsione, contenuta nel comma secondo dell'art.16 (secondo cui le spese di avvio sono a valere sull'indennità complessiva) implica unicamente che la spesa di segreteria, una volta corrisposta, è solo una parte dell'indennità complessiva da corrispondere.

Ciò comporta che, al verificarsi dei diversi momenti che connotano l'espletamento del servizio di mediazione, entrambe siano dovute.

Pertanto, oltre all'importo di Euro 40,00 dovuto per l'avvio del procedimento, dovranno essere corrisposte, in aggiunta, anche le ulteriori spese di mediazione secondo i criteri indicati nell'art.16, commi 3 e ssgg. del d.m. 180/2010, come modificati dall'art.5 del d.m. 145/2011.

Nel caso in cui, in particolare, trova applicazione la previsione contenuta nell'art.16, comma quarto lett.e) del d.m. 180/2010 (come modificato dall'art.5 del d.m. 145/2011) saranno dovute sia le spese di avvio del procedimento (di Euro 40,00) sia le spese per la mediazione non riuscita (non essendo comparsa nessuna delle controparti oltre quella che ha introdotto la mediazione).

Resta fermo, peraltro, che oltre alla suddetta indennità complessiva (spese di avvio e spese di mediazione) saranno dovute anche le spese vive, così come conteggiate e documentate dall'organismo di mediazione.

Va precisato, infine, che resta pur sempre nella facoltà degli organismi di mediazione stabilire una deroga in melius degli importi minimi delle indennità per ciascun scaglione di riferimento, come determinati a norma della tabella A allegata al d.m. 180/2010, così come previsto dall'art.5, comma 1, lett. f) del d.m. 145/2011: ciò nella chiara linea di una possibile riduzione del costo complessivo del procedimento di mediazione.

Per completezza, trattandosi di questione posta all'attenzione di questa amministrazione, preme compiere talune precisazioni in ordine alla partecipazione al procedimento di mediazione di persone che si trovino, secondo quanto prevede l'art.17, comma quinto, del d.lgs. 28/2010, nelle condizioni per l'ammissione al patrocinio a spese dello Stato ai sensi dell'art.76 del t.u. di cui al decreto del Presidente della Repubblica 30 maggio 2002 n.115.

A tal proposito va infatti chiarito che:

a. della previsione contenuta nell'art.17, comma quinto, del d.lgs. 28/2010 è possibile avvalersi solo nel caso in cui la mediazione è condizione di procedibilità della domanda, secondo quanto previsto nell'art.5 della medesima legge;

b. nel caso in cui sussistano i presupposti previsti, l'organismo di mediazione è tenuto a fornire il servizio di mediazione senza diritto ad alcun compenso;

c. l'organismo di mediazione non potrà richiedere il pagamento del compenso nei confronti dell'erario o dell'amministrazione in generale;

d. la suddetta norma trova applicazione senza che possa distinguersi tra organismi di mediazione pubblici o privati: la norma contenuta nell'art.17, comma sesto, del d.lgs. 28/2010 richiama le indennità spettanti agli organismi pubblici unicamente al fine di rinviare compiutamente agli importi delle indennità di cui alla tabella A che, secondo la previsione contenuta nell'art.16, comma 13, si applicano unicamente agli organismi costituti da enti di diritto pubblico interno, salvo che trattasi di materia per le quali è prevista l'obbligatorietà del tentativo di conciliazione: si tratta, infatti, di importi delle indennità previsti per gli organismi pubblici che, in caso di obbligatorietà del tentativo di mediazione trovano applicazione anche per gli organismi privati

Sintesi dei principi espressi:

- **le spese di avvio del procedimento e le spese di mediazione costituiscono due voci di spesa autonome che, unitamente considerate, formano l'indennità complessiva;**
- **al verificarsi dei diversi momenti che connotano l'espletamento del servizio di mediazione, entrambe devono essere corrisposte;**
- **oltre all'importo di Euro 40,00 dovuto per l'avvio del procedimento, dovranno essere corrisposte, in aggiunta, anche le ulteriori spese di mediazione secondo i criteri indicati nell'art.16, commi 3 e ssgg. del d.m. 180/2010, come modificati dall'art.5 del d.m. 145/2011;**

- oltre alla suddetta indennità complessiva dovranno essere corrisposte, altresì, le spese vive, purché documentate dall'organismo di mediazione;
- in caso di sussistenza delle condizioni per l'ammissione al patrocinio a spese dello Stato, ai sensi dell'art.76 del t.u. di cui al decreto del Presidente della Repubblica 30 maggio 2002 n.115, tutti gli organismi, sia essi pubblici o privati, sono tenuti a svolgere il servizio di mediazione, senza potere pretendere alcun compenso né nei confronti della parte né nei confronti dell'erario o, in generale, dell'amministrazione.

**

I "detrattori" della Mediazione civile

Apro infine una piccola parentesi. È indubbio che Il D.L. 28/2010 è stata un qualcosa di fondamentale considerata la situazione di caos ed ingolfamento della giustizia civile. Ma nonostante questo c'è chi da subito, per principio, ha gridato alla scandalo. Tra i detrattori, cosa che ha destato non poche perplessità, anche l'Associazione per i Diritti degli Utenti e Consumatori il che stride con l'idea che si ha circa un istituto che si immagini remi a favore dei consumatori piuttosto che vederli annaspare e perdersi delle nebbie di un tribunale che non potrà certo dare loro una risposta in tempi rapidi. Ecco quello che si legge tuttora sul sito ufficiale: *"Il decreto legislativo n. 28 del 4 marzo 2010 obbliga chi intenda iniziare una causa civile a rivolgersi, prima di andare in giudizio, ad un organismo di conciliazione. La legge, entrata in vigore il 21 marzo 2011 (tranne per le conciliazioni in materia di condominio e di risarcimento del danno derivante dalla circolazione di veicoli e natanti (incidenti stradali), per le quali l'obbligatorietà' scatterà nel marzo 2012) vuole decongestionare i tribunali passando per le tasche dei cittadini, che per poter intentare una causa dovranno non solo pagare il proprio avvocato e i costi ordinari della giustizia, ma anche accollarsi l'ulteriore onere della conciliazione, i cui costi -stabiliti per i soli organismi pubblici di mediazione (le società private che svolgono attività di conciliazione non hanno vincoli di prezzo) con il decreto ministeriale n. 180 del 2010. Obbligare i cittadini a rivolgersi ad un mediatore prima di andare in giudizio rende più difficile e oneroso l'accesso alla giustizia"*… il che denota ottusità e miopia e voler dire no a tutti i costi a un qualcosa dove un utente/consumatore ha tutto da vincere e nulla da perdere. Ma questo è un argomento ben più vasto da me trattato in un altro volume sulla Mediazione civile in Italia.

***

L'Autrice

 **Fosca Colli**, giornalista di Roma iscritta all'Ordine dal 1985, è Mediatore Professionista Civile e Commerciale dal 2011. E' accreditata presso Organismi di Mediazione operanti in tutta Italia.

Durante la propria attività professionale ha affrontato e aiutato a risolvere varie questioni laddove vi fossero conflitti in essere tra parti diverse in un ventaglio di contenziosi sorti tra privati, sia nel rapporto tra dipendenti siano stati questi di Ente Privato sia di Ente Pubblico.

Si dedica attivamente alla diffusione, anche con Seminari specifici, della cultura della Mediazione.

Esperta anche in campo della Mediazione on-line: nel febbraio/marzo 2012 ha tra l'altro preso parte al Virtual Mediation Lab, un Laboratorio virtuale di Mediazione (con simulazioni on-line via Skype), Progetto pilota della Association for Conflict Resolution - Hawaii Chapter di Honolulu.

Ha seguito convegni sulla risoluzione dei conflitti, tra i quali, nel giugno 2012: *"Il Futuro del Diritto - Tra tagli e necessità di favorire la cultura della conciliazione soprattutto in ambito condominiale"* (organizzato da Medialex presso la Sala Mercede della Camera dei Deputati) nonché quello su *"La Mediazione Civile: una sfida da vincere nell'era della globalizzazione e di Internet"*, (organizzato presso la Regione Lazio da Adr Concordia Italia in collaborazione con Assomediazione e l'Associazione Le Toghe).

Codice ISBN-13 978-1478122265
e-mail stenos@stenos.it – fax 06.233248638